ITALIE.
Lucéram
Peillon
Monte Carlo
NICE
Biot
CANNES
Seillans
Fayence
TOULON

Eine kulinarische Reise durch die PROVENCE

Klassische Rezepte
Aus dem
Süden Frankreichs

Gesammelt und illustriert
von Leslie Forbes

DuMont
Buchverlag Köln

CIP-Kurztitelaufnahme der Deutschen Bibliothek

Forbes, Leslie:
Eine kulinarische Reise durch die Provence : klass. Rezepte aus d. Süden Frankreichs / ges. u. ill. von Leslie Forbes. [Aus d. Engl. übers. von Annette Roellenbleck]. – Köln : DuMont, 1988
Einheitssacht.: A Table in Provence ‹dt.›
ISBN 3-7701-2212-7

Die Originalausgabe mit dem Titel »A Table in Provence« wurde produziert von Johnson Editions Ltd., 15 Grafton Square, London SW4 ODQ

Aus dem Englischen übersetzt von Annette Roellenbleck

Satz der deutschen Ausgabe: Fa. Froitzheim, Bonn
Druck und buchbinderische Verarbeitung: A.G.V. Vicenza

Printed in Italy

ISBN 3-7701-2212-7

INHALT

Erste Eindrücke

»Die gleichen Grillen sangen schon, als Caesar herrschte, und auf den Mauern lag dieselbe Sonne.«
Vladimir Nabokov (1899–1977)

Mein erstes Zuhause in der Provence – vorausgesetzt, man versteht unter Zuhause eher einen Bewußtseinszustand als einen dauerhaften Aufenthaltsort – war ein Zimmer mit Frühstück – in Frankreich *chambre d'hôte* genannt – in einer alten Windmühle, deren Flügel sich schon lange nicht mehr drehten. Mein Fenster mit den blauen Läden schaute in Richtung Süden über Weinberge und silbrige Ölbäume hinweg bis hin zu den Ruinen von Oppède-le-Vieux, die sich auf halber Höhe an die Hänge des Lubéron-Gebirges klammern. Die Stille wurde nur von ein paar faulen Fliegen und am Wochenende von dem Bellen der Jagdhunde gestört (es war Herbst, wenn in jedem echten Provenzalen die Jagdlust erwacht) oder durch das allmorgendliche Krachen der Gangschaltung des uralt-ehrwürdigen Citroën meiner siebzigjährigen Wirtin, das hinauf in mein Zimmer drang. Später entdeckte ich, daß Madame Bonnet jeden Morgen 15 km bis zum nächsten Dorf fuhr, um für mein Frühstück frische Croissants zu kaufen. »Weil es Mademoiselle zu schätzen weiß, nicht wahr? Das Brot in unserem Dorf ist zwar ordentlich, aber nicht die Croissants.« Später überredete ich Madame Bonnet dann, die Croissants durch eine Handvoll Muskatellertrauben und einige sonnengereifte Feigen vom Baum im Garten zu ersetzen.

Die Mauern von Madame Bonnets alter Mühle waren aus dicken Steinen gefügt. Ihr einstiger Verputz war im Laufe der Jahre so abgebröckelt, daß er inzwischen eine hübsch geformte Landschaftssilhouette bildete. Einige alte Photos in schweren Rahmen, deren leuchtende Handkolorierung inzwischen verblaßt war, hingen zwischen den wuchtigen Möbeln und den Fenstern, und an jeder Stelle, die irgendwie als Ablagefläche nutzbar war – die Betten und einige Quadratmeter Fußboden ausgenommen –, stapelten sich Einmachgläser und Flaschen jeder Art: selbstgemachte Obstweine und starke Schnäpse, die einem die Tränen in die Augen trieben, Olivenöl und Essig mit Kräutern, die wie geheimnisvolle Schlingpflanzen am Boden der Flaschen herumschwammen, Oliven, wilde Pilze, Kirschen und eingelegte Pflaumen. Diese Flaschen waren Madame Bonnets Schatz und zugleich eine Versicherung für einsame Wintertage. Für mich waren sie ein erster Einblick in die Provence wie sie früher einmal gewesen sein mußte: nicht unser modernes Bild vom sonnendurchfluteten Land, in dem man ewig unter Platanen beim Essen sitzt, sondern das Bild einer viel rauheren Region, in der die reichen Früchte des Sommers als Vorrat für einen eher kargen Winter eingemacht werden müssen und in dem das Sammeln wilder Kräuter und Gemüse viel mehr eine Notwendigkeit als ein Hobby war.

Die Provenzalen sind ein Menschenschlag, der sich anzupassen versteht; sie haben eine Menge von den Fremden gelernt, die ihr Land in den vergangenen zweitausendfünfhundert Jahren besiedelt haben. Von den Griechen, die mit dem Schiff kamen, und um 600 v. Chr. Massalia (Marseille) gründeten, bekamen die Provenzalen die Oliven, die sie schnell zu einem guten Öl zu verarbeiten lernten, das bald von viel besserer Qualität war als das des Ursprungslandes. Die Römer kamen später und zu Fuß, aber sie prägten das Land viel nachhaltiger als die Griechen. Sie nannten es sogar früh ihre Provinz, *Provincia*. Aber nicht nur dieser Name blieb haften; die Römer hinterließen dem Land auch einige seiner schönsten Städte – Nîmes, Arles, Orange, die bis heute römische Denkmäler von eindrucksvoller Schönheit bewahrt haben –, und sie brachten den Geschmack an eigenartig gewürzten Saucen mit, die noch heute der provenzalischen Küche eine pikante, erdige Note verleihen, wie sie nirgendwo sonst in Frankreich zu finden ist. Die *Anchoïade* zum Beispiel, eine dicke Anchovispaste aus frisch gepreßtem Olivenöl, Essig und Knoblauch, ähnelt in ihrem Aroma sehr der römischen Fischsauce *Garum*, die aus den verschiedensten Zutaten von Senfkörnern bis zu Anis zubereitet wurde. Hingegen ist die provenzalische Sitte, alle Arten von Gemüse als kleine Hors d'œuvres zu servieren und Safranreis den Kartoffeln vorzuziehen, wohl orientalischen Ursprungs und wurde wahrscheinlich von den spanischen Mauren eingeführt.

Nicht nur die Römer brachten den Geschmack an der italienischen Küche in die Provence. Nizza wurde 1388 vom Haus Savoyen annektiert und kam erst 1860 wieder an Frankreich. Während dieser Zeit waren Polenta und Nudeln zu einem festen Bestandteil der Küche im Südosten der Provence geworden. Auf dieser Basis entwickelte sich die Küche dann weiter. Sie übernahm die Rezepte der Touristen ebenso wie ehemals die der Kolonisatoren und gab mit einheimischen Zutaten – getrockneter

Orangenschale, Olivenöl, Knoblauch, Thymian und Basilikum, Fenchel und Anis, Anchovis, Safran und Tomaten – jedem neuen Gericht das typische Aroma der alten Provence. Heute läßt sich deshalb schwer sagen, wo die klassische provenzalische Küche wirklich beginnt. Die Verwendung von Olivenöl statt Butter ist mit Sicherheit einer ihrer wesentlichen Bestandteile, ebenso die Tatsache, daß dem Gemüse immer mehr Aufmerksamkeit als dem Fleisch gewidmet wird, denn die ärmeren Familien aßen Fleisch früher höchstens einmal in der Woche. Die meisten der verschwenderischen Rezepte, die um die Jahrhundertwende in sogenannten provenzalischen Kochbüchern erschienen, waren nur für die wohlhabenden bürgerlichen Familien an der Côte d'Azur und in den größeren Städten gedacht, nicht aber für die Küche in den Bergdörfern der nördlichen Provence.

Was die ursprüngliche provenzalische Küche ausmacht, wurde nie aufgeschrieben. Sie wurde gelebt und ihre wesentlichen Bestandteile wurden mündlich weitergereicht. Sie ist lebendig geblieben in den Erinnerungen und uralten Gewohnheiten der Großmütter wie Madame Bonnet und in den abgelegenen Dörfern des Landes, wohin sich selten Touristen verirren, die kein Knoblauch mögen.

Wenn man Steine wie Trauben auspressen könnte, um ihnen ihre Geheimnisse zu entlocken, dann könnte Madame Bonnets Bauernhaus uns die Provence vor Augen führen, wie sie vor 70 Jahren und mehr ausgesehen hat, bevor Elektrizität und gepflasterte Straßen sie grundlegend veränderten.

Ein Tag mit provenzalischer Küche

Die Küche ist der Mittelpunkt des Hauses, sein einziger großer Raum. Gleich nebenan befinden sich die Ställe, in denen die Pferde stehen. Auch an Tagen, an denen der Mistral Staub, trockene Blätter und Trauben durch die Luft wirbelt, vermittelt das Schnauben der Tiere ein Gefühl der Behaglichkeit. Die Nordwände der Häuser haben keine Türen und Fenster, damit der schneidende Wind nicht durch die Ritzen dringen kann. Aber manchmal schafft er es dennoch, die Läden der nach Süden gerichteten Fenster aus ihren Halterungen zu reißen und die Spitzengardinen gegen die Decke zu blasen. Zum Glück weht der Mistral nicht das ganze Jahr hindurch; im Sommer vernimmt man nur das Rascheln der getrockneten Kräuter auf dem roten Steinfußboden.

Im Sommer beginnen die Männer sehr früh mit ihrer Arbeit. Sie verlassen schon gegen 5 oder 6 Uhr früh das Haus, kehren aber bereits drei Stunden später wieder zurück, um schnell *à la fourchette* etwas zu essen, Eier, Käse oder den Rest des Gratins vom Abend vorher. Die Frauen trinken Milchkaffee aus großen Schalen; sie tunken Brotstückchen hinein, die sie vorher mit hausgemachter Feigen- oder Melonenmarmelade bestrichen haben. Es gibt ein Sprichwort in der Provence, das besagt, man solle Feigen lieber am Morgen essen, da sie am Abend schwerer verdaulich seien.

CONFITURE de FIGUES SÈCHES au JUS de RAISIN

Konfitüre aus getrockneten Feigen und Traubensaft
(ergibt etwa 750 g)

Feigen, Trauben, Äpfel und Pilze werden für den Winter in den großen steinernen Kamin der Küche gehängt und getrocknet – neben den Schinken, die über einem Kastanienfeuer geräuchert werden. Wenn der Zucker zu teuer ist, werden die Konfitüren aus getrockneten und aus frischen Früchten bereitet, die in dickem, süßem Traubensaft gekocht werden. Die Folgende ist köstlich, wegen der kleinen Feigenkerne etwas körnig und paßt wunderbar zu einer knusprigen *Fougasse*, einem süßen Weißbrot, die gerade frisch aus dem Ofen gekommen ist.

350 g grob gehackte getrocknete Feigen
1 l ungesüßter roter Traubensaft
1 Bouquet garni aus Minze, Thymian und Majoran
Saft und geriebene Schale einer Zitrone
1 Vanilleschote
ca. 75 g Zucker (nach Wunsch)

Die Feigen 2 Stunden lang im Traubensaft einweichen. Anschließend den Saft in einen großen Topf mit schwerem Boden gießen, das Bouquet garni dazugeben und bei starker Hitze auf die Hälfte einkochen lassen. Die Hitze reduzieren; Feigen, Zitronenschale und Vanilleschote dazugeben, das Bouquet garni herausnehmen und den Rest solange köcheln lassen, bis die Feigen zart werden (ungefähr 1–1½ Stunden). Die Vanilleschote herausnehmen, den Zitronensaft dazugießen und abschmecken. Eventuell etwas Zucker dazugeben. Bei starker Hitze solange kochen lassen (ca. 3–7 Minuten), bis der Gelierpunkt erreicht ist. (Dabei öfters umrühren!) Man muß achtgeben, daß die Früchte nicht zu lange kochen, denn die Flüssigkeit verdunstet schnell, und die Konfitüre wird dann klumpig und geschmacklos. Wann der Gelierpunkt erreicht ist, kann man feststellen, indem man ein wenig Konfitüre auf einen kalten Teller tropfen läßt und den Teller schräg hält. Wird der Tropfen runzelig und läuft nicht herunter, nimmt man den Topf vom Feuer und läßt die Konfitüre solange stehen, bis sie lauwarm geworden ist. Anschließend in saubere und trockene Gefäße geben. Zudecken und verschließen, wenn die Konfitüre kalt ist. Nach dem Öffnen am besten im Kühlschrank aufbewahren.

Ein kleiner Zwischenimbiß

Die Hauptmahlzeit des Tages ist das Mittagessen, aber der *Casse-croûte* (was wörtlich das Brechen der Brotkruste bedeutet) lindert den aufkommenden Hunger am späteren Vormittag. Er kann aus einem zusammengerollten Kräuteromelett, einer Suppe oder einem Stück scharfem Käse – *Lou Cachat* – auf knusprigem Brot bestehen. Leute, die Nasen und Zungen aus Stahl haben, spülen diesen Käse mit dem Schnaps herunter, in dem er vorher eingelegt war.

LOU CACHAT
Eingelegter Ziegenkäse

Lorbeerblätter, in Olivenöl getaucht
Ziegenkäse
Cognac oder Schnaps
Schwarzer Pfeffer, grob zerstoßen
frisches Bohnenkraut

Einen Steinguttopf mit Lorbeerblättern auslegen und den Ziegenkäse schichtweise darin verteilen. Zwischen jede Käseschicht einige Löffel Cognac oder Schnaps träufeln, einen Teelöffel Pfeffer streuen und einige Zweige Bohnenkraut legen. Abschließend soviel Alkohol hinzugeben, daß der Käse ganz bedeckt ist. Mindestens 3 Tage an einem kühlen Ort, aber nicht im Kühlschrank, ziehen lassen. Beim Entnehmen immer wieder Gewürze und Alkohol hinzufügen. Diese Art Käse hält sich ewig. Aber seien Sie vorsichtig! Die letzte Lage könnte atemberaubend scharf sein!

Der 1830 geborene provenzalische Dichter Frédéric Mistral gilt als der große Chronist der Traditionen seines Landes. Er war der Mittelpunkt einer Gruppe provenzalischer Dichter – *Félibres* genannt –, die jeden seiner Gedanken niederschrieben (er selbst schrieb ausschließlich in Provenzalisch), ob es sich nun um den Einfluß der Troubadoure auf Dantes Dichtung handelte oder um die richtige Zubereitung einer *Daube provençale*. Mistral nennt den *Lou Cachat* einen »aromatischen Käse«, wobei aber gesagt werden muß, daß sein herber Charme eher reinigend als wohltuend auf die Geruchsorgane wirkt.

Das Mittagessen

Das Mittagessen besteht oft aus einer *Bajane* – einem großen Topf, gefüllt mit Wasser und Kichererbsen, Linsen oder Bohnen, die in einer dunklen, gut durchlüfteten Vorratskammer neben der Küche getrocknet wurden. Vielleicht sind auch eine oder zwei Würste darin. Zunächst wird die *Bajane* über dem offenen Feuer aufgekocht und köchelt dann den ganzen Vormittag lang über den glühenden Kohlen, während die Frauen arbeiten. Wenn die Männer nach Hause kommen, werden die Gemüse *(la bajane)* aus der Brühe geschöpft und mit einer Vinaigrette versehen. Die Wurst wird in Scheiben geschnitten und in die Brühe *(la soupe)* gegeben. Beides wird dann getrennt serviert. Mitunter gibt es dazu einen Salat aus wilden Kräutern, die die Frauen gesammelt haben, zum Beispiel Löwenzahn, Rauke (Arugola) und Ysop (als nordische Alternative wäre Sauerampfer zu empfehlen). Sie werden vor dem Anrichten unter fließendem Wasser aus der Handpumpe vor dem Haus gewaschen und von hartnäckigen Käfern befreit. Im Sommer werden süße Paprika und Auberginen mit Knoblauch über dem offenen Feuer gegart. Und immer gibt es dazu eine Menge Brot mit hausgemachtem Ziegenkäse, der auf Lorbeerblättern in flachen Binsenkörben liegt.

LA BAJANE de POIS CHICHES
Bajane aus Kichererbsen

Der Vorteil einer *Bajane* besteht darin, daß man in einem Topf zwei unterschiedliche Gerichte herstellt, die beide sehr fein im Geschmack sind. Die folgende Version, bei der sich der nussige Geschmack der Kichererbsen mit dem eines *Aïoli*, einer Knoblauchmayonnaise, vermischt, stellt eine reiche, festliche Mahlzeit dar. Für ein frugaleres Essen wird die Knoblauchmayonnaise durch eine Vinaigrette ersetzt.

Für 6 Personen

LA BAJANE

450 g Kichererbsen, über Nacht in Wasser eingeweicht
4 Lauchstangen
1 Karotte
5–6 Spinatblätter (nach Wunsch, aber ausgezeichnet geeignet, die Kichererbsen mürbe zu machen)
2 Knoblauchzehen
1 Lorbeerblatt
5 Salbeiblätter
1 große magere Wurst oder 6 kleine Würste
¼ Tl Muskatnuß
Salz und Pfeffer
2 El frische Petersilie, fein gehackt (zum Garnieren)
75 g kleine Nudeln
geriebener Gruyère (nach Wunsch)

AIOLI

Knoblauchmayonnaise

6–12 frische Knoblauchzehen, geschält und gehackt
1 geschlagenes Eigelb
275 ml gutes Olivenöl
Saft einer halben Zitrone
1 Tl lauwarmes Wasser

Die über Nacht eingeweichten Kichererbsen abtropfen lassen, gründlich unter fließendem Wasser waschen und abtrocknen. In einen großen Topf mit 3 l kaltem Wasser geben, zwei Lauchstangen und die Karotte hinzufügen. Beide Gemüse zuvor in nicht zu kleine Stücke schneiden, damit sie sich wieder gut herausnehmen lassen. Die Spinatblätter, den Knoblauch, die Lorbeerblätter und den Salbei hineingeben. Zum Kochen bringen, den Schaum sorgfältig abschöpfen, den Topf fest schließen und die Kichererbsen 2–3 Stunden köcheln lassen, bis sie ganz zart sind.
Eine halbe Stunde, bevor die Kichererbsen weich sind, die Wurst dazugeben und die Aïoli zubereiten. In einem Mörser aus Marmor oder Keramik den Knoblauch zu einer glatten Paste zerstampfen. Das Eigelb hineinrühren und dann, zunächst tropfenweise, das Öl dazugeben. Sobald das Gemenge dickflüssig zu werden beginnt, das restliche Öl kontinuierlich in einem dünnen Strahl unter ständigem Schlagen unterrühren. Wenn etwa die Hälfte des Öls verarbeitet ist, den Zitronensaft und das Wasser hinzufügen und dann das Öl langsam weiter hineinschlagen. Falls die Mischung zu dick wird, bevor das ganze Öl verbraucht wurde, noch einige Tropfen

lauwarmes Wasser dazugeben. Mit Salz und Pfeffer abschmecken. Die Kichererbsen und die Wurst aus der Brühe nehmen, wenn sie gar sind. Die Kichererbsen ohne die gekochten Gemüse mit der Aïoli vermischen. Eine rohe, in Scheiben geschnittene Stange Lauch dazugeben, mit Muskatnuß, Salz und Pfeffer abschmecken und mit gehackter Petersilie garnieren. Die Brühe durchseihen, die Wurst in Scheiben schneiden und mit der feingeschnittenen verbliebenen Lauchstange, den Nudeln und Pfeffer und Salz in die Brühe geben. Solange kochen, bis die Nudeln ganz zart sind. Nach Wunsch vor dem Servieren mit geriebenem Gruyère bestreuen.

SALADE de POIVRONS
Paprikasalat

Auf dem Grill entwickeln die Paprikaschoten einen leicht süßen Geschmack, der einen wunderbaren Kontrast zu dem herben Aroma der Oliven bildet.

Für 6 Personen

3–4 rote, grüne und gelbe
 Paprikaschoten
3 El Olivenöl
1 El Estragonessig oder Zitronensaft
1 Handvoll frischer Thymian
 oder Basilikum, grob gehackt
Salz und Pfeffer
1 gute Handvoll reife
 schwarze Oliven

Die Paprikaschoten unter häufigem Wenden über offenem Feuer oder auf dem Grill erhitzen, bis die Haut Blasen wirft und leicht abgezogen werden kann. Das ist zwar eine mühsame Arbeit, aber sie lohnt sich! Stiele und Samen der Paprikaschoten entfernen und anschließend längs in feine Streifen schneiden. Aus den angegebenen Zutaten eine Vinaigrette zubereiten und zur Hälfte über die Paprikaschoten geben. Einen Teil der Oliven dazugeben. An einem warmen Ort 1–2 Stunden ziehen lassen. Kurz vor dem Servieren mit der restlichen Vinaigrette vermischen und mit den übriggebliebenen Oliven garnieren.

Das Abendessen

An sonnigen Nachmittagen sammeln die Frauen gern wilde Gemüse, wie zum Beispiel Pilze, die in Olivenöl eingelegt werden, oder Kräuterbouquets, die dann zum Trocknen an den Dachbalken hängen und deren Duft die Räume erfüllt, wenn der Mistral bläst; oder sie füllen Steinguttöpfe mit hausgemachter Wildpastete als Ersatz für die selten aufgetischten reicheren Fleischgerichte. Das Abendessen wird am Morgen zubereitet: ein großes Omelett aus nestwarmen Eiern zum Beispiel, das kurz vor dem Essen mit Käse garniert und noch einmal über dem Feuer erwärmt wird. Gemüsegratins werden mit ein paar Anchovis gewürzt. Zum Abschluß gibt es *Lou Cachat* aus dem Steinguttopf und danach vielleicht noch eine Schale Kirschen aus der Gegend, in Lavendelhonig gekocht und über weichen Frischkäse geschüttet.

LA BRANDADE de HARICOTS aux ARTICHAUTS

Bohnenpüree mit Artischocken (als Vorspeise oder als Bestandteil des Hauptgerichtes)

Freitags wird ein wenig appetitlicher, runzeliger grauer Streifen getrockneten, eingesalzenen Kabeljaus vom Haken genommen und in einen kleinen Strohkorb gelegt. Er wird zugedeckt (zum Schutz gegen neugierige Katzen) am Dorfbrunnen in Wasser eingeweicht, mit Olivenöl zerstampft und anschließend zu einem fast schon legendären Gericht, der *Brandade de morue* (Stockfischpüree) verarbeitet. An fischfreien Tagen kann die *Brandade* in der gleichen Weise auch aus weißen Bohnen zubereitet werden. Man serviert sie dann mit winzigen violetten Artischocken, die in Wein und Kräutern geköchelt werden, und eventuell gibt man sogar hauchdünne Trüffelscheiben darüber, die das Gericht mit ihrem unverwechselbaren, erdigen Aroma bereichern.

Für 6 Personen

DIE ARTISCHOCKEN:

12 junge, sehr kleine oder 6 größere Artischocken
Saft einer ½ Zitrone (von 1½ Zitronen, wenn große Artischocken verwendet werden)
2 Lauchstangen, fein gehackt
Olivenöl
1 Bouquet garni aus Thymian, Lorbeerblättern und Bohnenkraut
¼ Tl Zimt
Salz und Pfeffer
350 ml Weißwein

Wenn junge Artischocken verwendet werden, einfach nur die harten äußeren Blätter entfernen und gerade soviel vom Stiel abschneiden, daß die Artischocken aufrecht im Wasser stehen können. Für größere Artischocken eine Schale mit kaltem Wasser bereithalten und den Saft einer halben Zitrone hineingeben. Die Stiele abschneiden, die harten äußeren Blätter entfernen, dann die Artischocken etwa 1½ cm über dem Boden durchschneiden und mit einem Teelöffel das Heu herausholen. Einige Tropfen Zitronensaft über die Artischocken träufeln, damit sie

nicht schwarz werden. Geben Sie darauf acht, daß keine harten Stücke mehr an den Artischockenherzen hängen. Anschließend in das kalte Wasser legen.
In einem großen schweren Topf die Lauchstangen und den Knoblauch in wenig Öl dünsten, bis sie weich geworden sind. Die Artischocken und das Bouquet garni darauflegen und mit Zimt, Salz und Pfeffer würzen. Olivenöl darüberträufeln. Den Wein darübergießen und soviel Wasser dazugeben, daß die Artischocken bedeckt sind. 20–25 Minuten bei geringer Hitze köcheln lassen. Die Artischocken herausnehmen, wenn sie zart sind, und die Brühe um mindestens die Hälfte oder Dreiviertel einkochen.

DIE BRANDADE

350 g weiße Bohnen,
über Nacht eingeweicht
1 Bouquet garni
2–3 gepreßte Knoblauchzehen
175 ml bestes Olivenöl
50–75 ml Milch
Saft von ½ Zitrone
Salz und Pfeffer
12 Croûtons aus Weißbrot

Die Bohnen sorgfältig waschen und die Häutchen entfernen. In einen Topf mit schwerem Boden schütten, das Bouquet garni dazugeben und soviel Wasser, daß alles 2–3 cm hoch bedeckt ist. Zum Kochen bringen, ungefähr 5 Minuten lang kochen lassen, die Hitze reduzieren, den Topf fest verschließen und die Bohnen ungefähr 3 Stunden lang köcheln, bis sie zart, aber nicht zu weich sind. Durch ein Sieb drücken oder mit einem elektrischen Rührgerät pürieren. Mit einem Holzlöffel den Knoblauch hineinrühren und bei niedriger Hitze wie bei einer Mayonnaise das Öl hineinschlagen. Nachdem die Hälfte des Öls hineingerührt ist, abwechselnd die bis kurz unter dem Siedepunkt erhitzte Milch und das restliche Öl hineinträufeln. Wenn das Gericht nicht gar so gehaltvoll sein soll, kann das Öl durch Artischockenbrühe ersetzt werden. Zum Abschluß das Gericht mit Zitronensaft, Salz und Pfeffer würzen. Die Brandade auf einer großen Platte anrichten und die Croûtons darüberstreuen. Die Artischocken im Kreis um die Brandade legen und mit der eingekochten und durchgeseihten Brühe begießen. Man kann die Lauchstangen beim Anrichten auch auf die Brandade legen. Für ein Festessen ersetzt man die Croûtons durch hauchdünne Trüffelscheiben oder streichholzdicke Streifen von geräuchertem Schinken.

Zum Feierabend

La Veillée ist die traditonelle Stunde, in der sich alle vor dem Kamin versammeln, um Klatsch und Tratsch auszutauschen. Männer und Frauen verlesen auf dem Tisch getrocknete Gemüse und klopfen den Kindern auf die Finger, die sie sich immer wieder an den gerösteten Kastanien verbrennen. Es gibt einen lauwarmen Krug mit *Piquette*, dem Weinersatz der ärmeren Leute, hergestellt aus fermentierten Traubenhäuten, die schon abgepreßt worden sind; die *Piquette* ›sticht‹, sie macht lustig. Wenn das abendliche Getränk aber weniger anregend als entspannend sein soll, dann bereitet man einfach eine Schale Kräutertee zu und süßt ihn mit einem Löffel Honig.

TISANES
Kräutertees

Nicht ohne Grund glauben die Menschen in der Provence an die heilsame Wirkung der Kräutertees. Auch erfahrene Ärzte verschreiben statt anderer Medikamente gerne Kräutertees zum Auskurieren leichterer Krankheiten. Vier Kräuter insbesondere sind jahrhundertelang erfolgreich verwendet worden: Salbei als Antiseptikum bei Halserkrankungen; Eisenkraut zur Verdauung und als sanftes Beruhigungsmittel; Thymian zur natürlichen Reinigung des Organismus, und schließlich Lindenblüten zur Förderung der Verdauung und eines gesunden Schlafes.

Zur Zubereitung eines lindernden Tees einen kleinen Kräuterzweig (5–6 Blätter) in ca. 1 l kaltes Wasser geben. Zum Kochen bringen, zudekken und vom Feuer nehmen. 5–10 Minuten bis zum Trinken ziehen lassen. Man kann solche Tees auch in Flaschen lagern und beim ersten Kochen eventuell parfümieren, zum Beispiel mit:

1 Streifen Orangenschale
2–3 Gewürznelken
1 Vanillestange
1 El Akazienhonig

Sonntage und Festtage

Bei gutem Wetter ißt man draußen zu Mittag, unter der alten Linde, deren weiße Blüten bei einem leichten Sommerwind wie Schnee zu Boden fallen. Es ist Feiertag, und das bedeutet hier ein einziges langes, köstliches Essen. Vielleicht gibt es ein *Grand Aïoli:* ein riesiger steinerner Topf, der von Knoblauchmayonnaise überquillt, umgeben von Schalen mit kleinen gesprenkelten, in Brühe gekochten Weinbergschnecken, mit gekochtem gesalzenem Stockfisch, mit streichholzdickem wildem Spargel, grünen Bohnen, Kichererbsen und winzigen wachsfarbenen Kartoffeln. Dazu gibt es einen Rosé aus der Gegend, den man im Brunnen gekühlt hat, geräucherten Schinken aus den Bergen, hartgekochte Eier, gefüllt mit *Tapenado* – einem pfefferigen Püree aus Oliven und Kapern – und glänzende Steinkrüge voller wilder Pilze: Milchlinge, Pfifferlinge und riesige Steinpilze. Manchmal feiert man den Tag statt mit

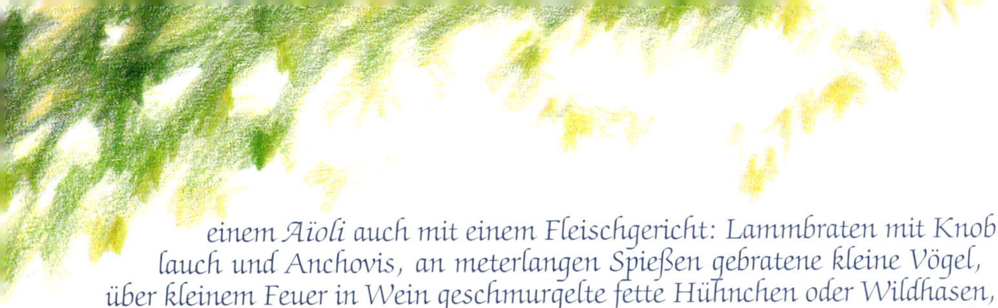

einem *Aïoli* auch mit einem Fleischgericht: Lammbraten mit Knoblauch und Anchovis, an meterlangen Spießen gebratene kleine Vögel, über kleinem Feuer in Wein geschmurgelte fette Hühnchen oder Wildhasen, die Sauce mit Blut angedickt, oder ein provenzalisches Ragout, eine *Daube* aus Hammel- oder Rindfleisch, die schon vom frühen Morgen an mit Streifen von getrockneter Orangenschale auf kleiner Flamme geköchelt hat. Die Mahlzeit endet mit einem karamelisierten Melonenpudding oder einer appetitlich glänzenden Eiercreme. Dann sitzen die Frauen dösend im Schatten, und nur das laute Aneinanderschlagen der Kugeln beim Boulespiel ihrer Männer (hier *Pétarque* genannt) läßt sie hin und wieder aus ihrem Mittagsschläfchen hochfahren.

CIVET de LIÈVRE
Hasenpfeffer

Man kann den Hasen auch durch ein Kaninchen ersetzen, aber dementsprechend müssen auch die Mengen der Zutaten verändert werden.
ALINE BOUQUETS Großmutter pflegte dieses duftende Ragout in ihrem kleinen Wirtshaus in Viens zu servieren. Ohne Blut schmeckt es immer noch ausgezeichnet, aber es fehlt ihm die charakteristische Wildnote, die seine eigentliche Besonderheit ausmacht. Verwenden Sie auf keinen Fall einen kräftigen Wein – das Gericht sollte nach Fleisch, nicht nach Alkohol schmecken.

Für 6 Personen

- 1 Hase von 1,8–2 kg Gewicht, enthäutet, gesäubert und in Stücke geschnitten; die Leber zur Seite legen
- Blut vom Hasen, vermischt mit 1 El Essig (nach Wunsch; schmeckt aber sehr gut)
- 1 Flasche Rotwein (nicht mehr als 11–12 % Alkohol)
- 3–4 Knoblauchzehen, geschält und zerdrückt
- 2 große Zwiebeln, geschält und in dünne Scheiben geschnitten
- 1 Bouquet garni aus 2 Lorbeerblättern, frischem Thymian und Bohnenkraut
- 220 g ungeräucherter Speck, in kleine Würfel geschnitten
- Olivenöl zum Braten
- 2–3 El Mehl
- Brühe oder Wasser
- 1 kleines Glas Rum oder Cognac
- Salz und schwarzer Pfeffer
- frische Petersilie, fein gehackt, zum Garnieren

Den Hasen 2–3 Stunden lang mit Wein, Knoblauch, 1 Zwiebel und den Kräutern marinieren. Gelegentlich umdrehen. Anschließend den Speck in einem großen, schweren Topf, in dem alle Zutaten gut Platz haben, bei mittlerer Hitze leicht anbräunen. Die zweite Zwiebel hinzufügen (und etwas Öl, falls der Speck nicht fett genug ist). Wenn sie eine goldbraune Farbe angenommen hat, Speck und Zwiebel aus dem Topf nehmen. Das Fleisch aus der Marinade nehmen und mit Küchenkrepp trocken tupfen. Darauf achtgeben, daß noch mindestens 2 El Öl im Topf sind. Das Fleisch bei großer Hitze von allen Seiten gut anbraten. Anschließend die Temperatur reduzieren, das Fleisch mit Mehl bestreuen und so lange braten, bis es eine helle, goldbraune Farbe angenommen hat. Die angebratenen Speckwürfel und Zwiebeln mit der Marinade und den Kräutern in den Topf geben. Die Flüssigkeit soll das Fleisch gerade bedecken; wenn nicht, muß die noch nötige Menge Brühe oder Wasser hinzugefügt werden. Den Rum oder Cognac getrennt in einem kleinen Topf erhitzen, mit einem Streichholz anzünden. Wenn die Flammen erlöschen, den Alkohol zu dem Fleisch geben. Zum Kochen bringen, fest verschließen und ungefähr 1½ Stunden ganz sanft köcheln lassen. Die Hasenstücke aus dem Topf nehmen, wenn sie zart sind, auf eine große Servierplatte legen und warmstellen. Die fein gehackte Leber und viel frisch gemahlenen schwarzen Pfeffer in die Soße geben. 5–7 Minuten stark kochen lassen und dabei das Fett von der Oberfläche abschöpfen. Die Hitze stark reduzieren und soviel Blut hineinrühren, bis die Sauce dick wird. (Wenn kein Blut verwendet wird, sollte die Sauce eingekocht werden, bis sie die Konsistenz von Sirup angenommen hat). Mit Salz abschmecken, kräftig durch ein Sieb passieren, damit auch die Zwiebeln püriert werden, und über den Hasen gießen. Mit Petersilie bestreuen, mit winzigen gekochten Kartoffeln oder mit in gutem grünen Olivenöl geschwenkten Nudeln umlegen und servieren.

TIAN de LAIT RUSTIQUE

Vanillecreme nach Großmutters Art

Zu einem so gehaltvollen Gericht wie dem Hasenpfeffer paßt am besten ein ganz einfacher Nachtisch. Hauptbestandteil dieses alten Rezepts für Vanillecreme war früher mit Eiern angedickte Ziegenmilch, aber heute bereitet man sie eher mit der üblichen Kuhmilch zu. Man serviert das Dessert mit einem großen Klecks Marmelade in der Mitte, oder man passiert 375 g frische Kirschen, Himbeeren oder Erdbeeren durch ein Sieb und verziert den Pudding ringsherum mit diesem Früchtepüree.

Für 6–8 Personen

500 ml Milch
(wenn möglich Ziegenmilch)
1 Streifen getrocknete Orangenschale
1 Vanillestange
1–2 El Rum
75 g Zucker
3 geschlagene Eier

Mögliche Ergänzung

3 Stücke Baguette, fein zerbröselt
2 El brauner Zucker

Den Ofen auf 200°/Gas Stufe 6 vorheizen. Die Milch mit der Orangenschale und der Vanillestange zum Kochen bringen. Die Hitze ganz stark reduzieren. Rum und Zucker in die Milch rühren, bis der Zucker sich auflöst. Vom Feuer nehmen und 10 Minuten lang abkühlen lassen. Vanillestange und Orangenschale herausnehmen und die Flüssigkeit unter ständigem Rühren mit den Eiern vermengen. Anschließend 6 bis 8 Flanförmchen mit der Masse füllen und in die mit kaltem Wasser gefüllte Fettpfanne des Backofens stellen. Solange backen, bis die Creme fest

geworden ist (ungefähr 45 Minuten). Mit der Marmelade oder dem Früchtepüree servieren.

Mögliche Ergänzung: Für eine gehaltvollere Creme das zerbröselte Weißbrot und den braunen Zucker vermischen und auf einem geölten Backblech ausbreiten. Im vorgeheizten Ofen backen, bis die Mischung karamelisiert ist, und unter die Eiercreme heben, bevor man sie in die Flanförmchen gibt.

COMPOTE de MARRONS

Gezuckerte Maronen

Im November sind in der Provence die Maronen reif. Man ißt sie entweder noch heiß direkt aus dem offenen Feuer auf der Straße oder zu Hause in glasierter Form, schnell zubereitet nach folgendem Rezept.

Maronen
Zucker
Zitronensaft

Die Kastanienschalen einschneiden und bei niedriger Temperatur im Ofen ungefähr 20 Minuten lang backen. Die Kastanien schälen, solange sie noch warm sind, und in einer Lage in einer großen schweren Pfanne ausbreiten. Bis auf halbe Höhe mit kaltem Wasser bedekken und mit einigen Löffeln Zucker bestreuen. Langsam zum Kochen bringen und 15 Minuten lang simmern lassen, bis die Flüssigkeit sirupartig ist und die Kastanien zart sind. Vor dem Servieren reichlich Zitronensaft darüberträufeln und mit ein wenig Puderzucker bestreuen. Man kann auch frisch geschlagene Sahne dazu reichen.

Am Neujahrstag.

»Lassen Sie in einem Steinguttopf, den sie vorher mit fein gehacktem Schweinefett eingerieben haben, einen alten Hahn mit ein paar Karotten und Zwiebeln simmern. Würzen Sie den Vogel mit Knoblauch, Petersilie, Thymian und Lorbeer. Übergießen Sie ihn mit Olivenöl aus Aix und anschließend mit ein oder zwei Gläsern Cognac. Ebenso ist es unerläßlich, zu diesem ersten Hahn des Jahres ein Dutzend Rebhühner zu servieren, die die 12 Monate des Jahres darstellen, außerdem 30 Spiegeleier für die Tage des Monats und 30 pechschwarze Trüffel für die Nächte.«
(René Jouveau: *La Cuisine Provençale de Tradition Populaire*)

Im Land der OLIVEN

Dort, wo das letzte Butterfaß aus der Küche verschwindet und statt dessen der erste Krug Olivenöl auftaucht, beginnt die Provence. Ihre Nordgrenze läßt sich leicht angeben. Napoleon nahm auf seinem Marsch von Elba nach Waterloo die alte Hauptstraße nach Norden und verließ die Provence bei Sisteron, einer Stadt, die jahrhundertelang die Eingangspforte zur Dauphiné gewesen ist. Die Römer kamen ein paar Jahrhunderte früher von Osten her in die Provence, über die Berge von La Turbie, 460 m hoch über dem Ort, der heute Monte Carlo heißt. Hier errichteten sie im Jahr 6 v. Chr. den gewaltigen Augustusturm, ihr Siegeszeichen in den Alpen, ein ursprünglich 50 m hohes Steinmonument zur Erinnerung an Roms Unbesiegbarkeit. Es trägt die Inschrift *»Huc usque Italia abhinc Gallia«*, »Bis hierher Italien, von hier an Gallien«.

Wäre Rom tatsächlich unbesiegbar gewesen, dann würde auch heute noch der Augustusturm die Grenze zwischen Italien und der Provence bezeichnen und natürlich auch diejenige zwischen italienischem und provenzalischem Essen. Zu ihrem Unglück erwiesen sich aber die Römer nicht als allmächtig, und der Turm wurde nur zum Streitobjekt. Im Laufe der Jahre immer mehr vernachlässigt, verfiel er langsam. Schließlich, nach ungefähr 1700 Jahren, wurde er 1705 von den Franzosen gesprengt, in der Folgezeit allerdings teilweise wiederaufgebaut. Eine deutliche Grenze zwischen Frankreich und Italien ließ sich lange Zeit schwer fixieren, und die Unterscheidung zwischen französischem und italienischem Essen war um so schwieriger, als die Grafschaft Nizza für 500 Jahre eine Verbindung mit dem Haus Savoyen einging.

Zwar wurde Nizza im 19. Jahrhundert an Frankreich zurückgegeben, aber es blieb bis zum heutigen Tage *Nizza la bella*, Heimat von *Pasta*, *Pesto* und *Pizza* (oder auf Französisch *pâtes*, *pistou* und *pissaladière*), eine Stadt, die mehr mit Genua als mit Marseille verbunden ist. Die Provence beginnt, wo Frankreich nach Italien schmeckt, und endet mit dem Geschmack der Schweiz.

Ein Tag in Nizza

Das Frühstück: Die vielen engen Gassen hinter den ordentlichen Fassaden der Häuser aus dem 17. Jahrhundert auf dem Cours Saleya sind gesäumt von Metzgereien, Bäckereien, Konditoreien, Lebensmittelläden, Läden für Wurstwaren, Käse und von Süßwaren. In jedem winzigen Raum, der größer ist als ein Wandschrank, werden Nahrungsmittel verkauft: *Couscous*, *Pasta*, Pferdefleisch, Wildbret und ganze gebratene Spanferkel. Am Sonntagmorgen um 8.30 Uhr scheint halb Nizza in der besten Bäckerei der Stadt, dem FOUR AU BOIS, auf ANDRÉ ESPUNO zu warten, der noch immer Brotteig in seinen mit Holz befeuerten Backofen vorne im Laden schiebt und mit einem großen hölzernen Spatel mit langem Stiel seine berühmten Spezialitäten herausholt: *Les Mains de Nice*, Brote in Form einer Hand, nach italienischer Art mit Öl zubereitet, die *Doubles Têtes*, riesig und ganz kross, und ihre Miniaturausgabe *Petites Têtes*, die *Fougasses* mit Anchovis, Oliven, Roquefort oder Anis und andere Brotsorten aus der Gegend mit Nüssen oder Thymian.

Casse-croûte: Um 10 Uhr morgens umringt eine große Menschenmenge auf dem Markt eine dunkelhaarige Frau, die wie eine Zigeunerin aussieht. Sie steht neben einem, mit glühenden Kohlen gefüllten Ölfaß, einer Art improvisiertem Barbecue. Der ahnungslose Tourist hält sich zunächst die Ohren zu bei ihrem »Saaa KA-LA saaaa KA«, das sie pünktlich jede halbe Minute lauthals über den Marktplatz schreit. Dann aber wird er neugierig: Worauf warten diese Leute? Die Antwort gibt ein Moped, das plötzlich in der Fußgängerzone des Marktplatzes auftaucht und in schneller Fahrt die wartende Menge auseinandertreibt. Auf dem Gepäckträger dieses zweirädrigen Gefährts stapelt sich ein beängstigender Turm großen flachen Backwerks, sogenannten *Soccas*, den Nizzaer Kichererbsencrêpes. Kaum hat die Zigeunerin sie auf das heiße Gefäß gelegt, reicht sie die dünnen, glühend heißen, goldgelben Pfannkuchen auch schon wieder zusammengerollt an die Umstehenden weiter. Das Geld der Leute fließt der Zigeunerin so leicht wie Olivenöl in die Taschen, und die zufriedenen Kunden zerstreuen sich. In der Hand halten sie in Pergamentpapiertüten die köstliche *Socca*, die so wunderbar nach Nüssen schmeckt. Eine neue Menschentraube formiert sich und wartet auf die nächste Zuteilung. So ist es Tradition in Nizza.

Das Mittagessen: Um 11.45 Uhr setzen die Marktleute ihre Preise herunter und rufen ihre Ware noch lauter aus, um möglichst bald zu ihrem Mittagessen zu kommen. Die wenigen Touristen, die in der winterlichen Sonne zu Mittag essen wollen, lesen die mit Kreide auf Tafeln geschriebenen

Menüs vor den Restaurants des Cours Saleya, die nicht so billig sind, wie sie zunächst aussehen. Der große Lebensmittelladen an der Ecke der Place St-François breitet seine Waren vor den letzten Passanten aus; und M. Ermenegildo Chiodo, der seit dreißig Jahren die besten Spanferkel *(porchette)* von Nizza verkauft, läßt das Ladengitter herunter, um in die Pizzeria Julian zu gehen, die jedermann im Viertel nur als Chez Nina kennt.

». . . et lorsque les astronautes mirent le pied sur la lune, s'offrit à eux l'odeur la plus exquise du monde et ils découvrirent trois Niçois déjà là, attablés, qui mangeaient la pissaladière . . .«

(Volkslied aus Nizza)

Nina ist nur ein paar Häuser entfernt von dem Restaurant geboren, in dem sie heute kocht. Sie ist einer der Kristallisationspunkte des traditionellen Nizza. Jedermann kommt gern zu ihr, und Monsieur Chiodo nennt sie ›*une loupe blanche*‹ – das ist ein Fisch, der ebenso sehr geschätzt wird, wie er sich schwer fangen läßt. Freitags bereitet Nina, wenn sie Lust dazu hat, einen guten *Estocafissado* zu – ein Stockfischragout. Ein Stockfisch muß jedoch mindestens vier bis sieben Tage lang eingeweicht werden, damit er überhaupt genießbar ist; und so bietet sie vielleicht statt dessen frische Sardinen und eine *Pissaladière* an, Pizza auf Nizzaer Art mit Zwiebeln, Anchovispaste und Oliven. Früher liefen die Frauen durch die Rue du Jésus, die Rue Droite und die Rue Ste-Réparate mit gußeisernen Töpfen voll gekochter Zwiebeln für die Pissaladière, deren süßer Duft die Altstadt erfüllte.

Heute steht auch hier die Pizza an erster Stelle . . . außer bei Nina, die eine Kassette ihres Freundes auflegt, der das Lied von der *Pissaladière* singt, um sich so in die richtige Stimmung zu versetzen. (Aber wer weiß? Vielleicht steht in der nächsten Woche wieder der *Estocafissado* auf der Speisekarte.)

La Merenda

Nirgendwo ist das Aroma des *Pistou*, der typischen Nizzaer Sauce aus Basilikum und Knoblauch, so vollkommen wie in dem winzigen Restaurant LA MERENDA der FAMILIE GIUSTI. Jeden Mittag kommen die leidenschaftlichen Liebhaber der *Pâtes au pistou* hierhin und verzehren Unmengen davon. »Jedes Jahr erscheint ein Kunde, der sich beklagt, mein Pistou habe nicht so geschmeckt wie früher«, erzählt JEAN GIUSTI. »Das passiert immer, wenn das Basilikum noch zu jung ist. Juni bis September sind die besten Monate.«

PÂTES au PISTOU

Nudeln mit einer Sauce aus Basilikum und Knoblauch

Das Rezept der FAMILIE GIUSTI ist ein ziemlich locker gehütetes Geheimnis (und recht ungenau, da es von der jahreszeitbedingten Qualität des Basilikums und des Knoblauchs abhängt). Eine sorgfältige Befragung der Stammkunden erbrachte das nachfolgende Ergebnis. Es ist nicht gerade den Arterien zuträglich, auch nicht unbedingt klassisch zu nennen, auf jeden Fall aber unwiderstehlich.

Für 4 Personen

3–4 Knoblauchzehen, geschält
1 großes Bund frisches Basilikum, gesäubert und getrocknet
4–5 El frisch geriebener Parmesan
3–4 El gutes Olivenöl
350 g dünne, flache Nudeln
2 El Crème fraîche
1 El Butter
Salz und Pfeffer

Den Knoblauch in einem Mörser pürieren, dann die Basilikumblätter hinzufügen und mit dem Knoblauch zerstampfen, bis sie zusammen eine Paste bilden. Mit einer Gabel den Käse hineinschlagen und tropfenweise das Olivenöl dazugeben, wie man es auch bei einer Mayonnaise macht (S. 12). Die Nudeln in einem großen Topf Salzwasser kochen, bis sie *al dente* sind, d. h. noch Biß haben. In eine vorgewärmte Schüssel geben, Crème fraîche und Butter hinzufügen und mit Salz und Pfeffer würzen. Den Pistou hineinrühren und sofort servieren.
Der *Pistou* von Nizza geht zurück auf den Genueser *Pesto*, eine Sauce aus Knoblauch, Butter, Käse, Basilikum und Pinienkernen. Dringt man weiter ins Innere der Provence vor, dann wird der *Pesto* statt mit Käse und Butter mit Tomaten zubereitet, um die Sauce leichter zu machen und ihr einen aromatischeren Geschmack zu verleihen (siehe Rezept S. 81).

LES SARDINES FARCIES

Gefüllte Sardinen

Wie Nina sind auch ADRIENNE GHIGLION und ihr Sohn nur ein paar Häuser weiter bekannte Persönlichkeiten in Nizza. Sie führen gemeinsam das Restaurant LOU BALICO, während Adriennes Schwester alle Spezialitäten der Gegend in ihrem kleinen traditionellen Café an der Rue Pairolière zubereitet.
Dieses köstliche Gericht aus frischen, knusprigen Sardinen läßt sich auch wunderbar mit anderen kleinen Fischen zubereiten, zum Beispiel mit Makrelen, Heringen oder kleinen Brassen. Adrienne macht aus gewöhnlichen Sardinen eine äußerst dekorative Speise, indem sie die kleinen Fische so füllt, daß sie wie winzige Fischsandwiches aussehen.

Für 4 Personen

24 frische kleine Sardinen (oder andere kleine Fische), ungefähr 15 cm lang und geschuppt
Mehl
Salz und Pfeffer
1 kg Spinat oder Mangold
Olivenöl
1 mittelgroße Zwiebel
3 Knoblauchzehen, fein gehackt
½ Tl Muskat
1 El Thymian, fein zerrieben
75 g Semmelbrösel, in Milch eingeweicht
2 El Kerbel, gehackt
2 El Schnittlauch, fein gehackt
2 Eier, geschlagen

Den Backofen auf 230°/Gas Stufe 8 vorheizen. Die Köpfe der Fische abschneiden, am Bauch der Länge nach aufschneiden, die Eingeweide herausnehmen und die Hauptgräte entfernen. Die Schwänze nicht abschneiden. Die Fische aufklappen, plattdrücken und ihre Schwänze dabei alle zu einer Seite drehen. Die Hautseite mit etwas Mehl, Salz und Pfeffer bestreuen.
Den Spinat sehr gut waschen und in einem geschlossenen Topf so lange kochen, bis er zart ist (ungefähr 15 Minuten). Die überschüssige Flüssigkeit herausdrücken und den Spinat anschließend fein hakken. Die Zwiebeln und den Knoblauch in Öl gar dünsten, den Spinat, Muskat und Thymian hinzufügen und weitere 5 Minuten kochen. Abkühlen lassen und mit den ausgedrückten Semmelbröseln, Kerbel, Schnittlauch und Eiern vermischen. Die Fleischseite von 12 Sardinen mit einem gehäuften Eßlöffel dieser Farce bestreichen und die übrigen Sardinen darauflegen. Die beiden Fischschwänze sollten bei einem Sandwich jeweils nach der entgegengesetzten Richtung gedreht sein (siehe Zeichnung). Die Sardinen auf ein gut geöltes Backblech legen, die Haut der Fische mit Öl bestreichen und 10 Minuten im Ofen backen, bis sie braun und zart sind.

PORC RÔTI à la PORCHETTA

Schweinebraten à la porchetta

Vor 35 Jahren kam der damals elfjährige ERMENEGILDO CHIODO aus Piemont nach Nizza. Er brachte nichts mit außer einem Rezept für Spanferkel. Anfangs arbeitete er in der Metzgerei SAINT-FRANÇOIS, die er 14 Jahre später mit Starthilfe seines ehemaligen Chefs übernahm. Seine einzigen Konkurrenten damals waren die Spanferkelverkäufer, die mit dem Fahrrad aus Piemont über die Berge nach Nizza kamen. Obwohl heute die Konkurrenz viel größer geworden ist, kaufen weiterhin Leute aus allen Ecken der Stadt die *Porchetta* für ihr Mittagessen bei M. CHIODO, der die Spanferkel um 4.30 Uhr in der Frühe gefüllt und im ganzen gebraten hat.

Die *Porchetta*, wie sie M. CHIODO zubereitet, ist ein ganzes Schwein ohne Knochen, das mit Zweigen von wildem Fenchel, Fenchelblüten und seinen eigenen Innereien gefüllt wird. Es wird in einem glühend heißen Ofen gebraten, um eine knusprige Haut zu bekommen, dann in Kohlbätter eingewickelt, damit es nicht austrocknet und hart wird. Nichts ist köstlicher als eine dicke Scheibe heiße *Porchetta*, die gerade aus dem Ofen kommt. Diejenigen, deren Backofen für ein ganzes Schwein zu klein ist, können das Rezept genauso gut für eine Schweineschulter verwenden.

Für 6 Personen

1 kleine Zwiebel
Olivenöl
50 g Semmelbrösel
2–3 kleine Fenchelknollen
  mit vielen Blättern, fein gehackt
1 El Petersilie, fein gehackt
1 El Thymian, fein gehackt
250 g Innereien vom Schwein
  (Leber, Herz usw.
  oder nach Wunsch nur Leber),
  fein gehackt
Salz und Pfeffer
Saft und geriebene Schale
  von 1 Zitrone
1,5 kg Schweineschulter
  ohne Knochen, mit Schwarte
300 ml trockener Weißwein
2 El Pastis (Pernod, Ricard)

Den Ofen auf 220°/Gas Stufe 7 vorheizen. Die Zwiebeln im Öl dünsten, bis sie weich sind. Semmelbrösel, Fenchel, Petersilie, Thymian und Innereien dazugeben und unter wiederholtem Umrühren so lange kochen, bis der Fenchel zart ist. Mit Salz, Pfeffer und Zitrone würzen. Den Braten von der Schwartenseite aus tief einschneiden, die Tasche öffnen und die Farce hineinfüllen. Die Schweineschulter langsam drehen und dabei fest mit Garn umwickeln. (Wenn Sie zuviel Farce haben, dann kochen Sie diesen Rest ca. 1 Stunde lang zugedeckt in einem gesonderten Topf.) Den Braten gut mit Olivenöl, Salz und Pfeffer einreiben und 20–30 Minuten lang braten, bis er goldbraun ist. Die Temperatur auf 180°/Gas Stufe 4 reduzieren und 1½ Stunden lang braten, bis der Bratensaft braun geworden ist (für die letzten 15 Minuten die Temperatur wieder erhöhen). Die Schweineschulter auf eine vorgewärmte Platte legen und das Garn entfernen. Wein und Pastis in dem Bräter zum Kochen bringen und auf die Hälfte reduzieren. Dabei den Bratenfond lösen. Mit Salz und Pfeffer abschmekken. Den Braten in dicke Scheiben schneiden und mit etwas Sauce und gemischtem Salat servieren.

Tourte aux blettes – Süße Mangoldtorte: Mangold war schon immer ein beliebtes Gemüse in Nizza. MONSIEUR CHIODO bereitet eine dicke süße Mangoldtorte mit eingelegten Melonen und Orangen zu. Ein Stück weiter die Straße hinab, im FOUR AU BOIS, wird die gleiche Torte gebacken. Hier besteht sie aber aus einem ganz dünnen Teig, der mit einer dünnen Schicht Mangold, Zucker und Pinienkernen oder Nüssen belegt wird.

Fünfuhrtee: Man nimmt den Tee in der extravaganten Konditorei BELLE ÉPOQUE/SALON DE THÉ MAISON AUER ein, die 1820 in der Rue St-François-de-Paule eröffnet wurde. Die Innenräume, die so reich geschmückt und verziert sind, daß sie an JEAN AUERS Pralinenschachteln erinnern, sind in der Provence der Tempel der kandierten Früchte. Hier kauften die russischen Großfürsten ihren Maitressen Konfekt, fein wie Spitze, und vertrieben sich damit an eintönigen Nachmittagen ein wenig die Zeit zwischen zwei Rendezvous. Die meisten kandierten Früchte werden heute industriell hergestellt, aber die wunderbaren Süßigkeiten aus der MAISON AUER werden immer noch handgefertigt, worauf die Besitzer sehr stolz sind. Für die Herstellung einer ganzen kandierten Ananas benötigt man mindestens 60 Tage und nicht viel weniger für die Clementinen von der Größe eines Golfballs, die im hinteren Teil des Geschäftes in großen Kupferkesseln simmern. Der 88jährige HENRI AUER sagte einmal, daß eine gute kandierte Frucht wie ein Gummireifen fünfzehnmal gekocht werden müsse.

Abendessen: Fährt man durch die von Palmen gesäumte Promenade des Anglais, dann hat man das Gefühl, als durchbräche man die harte, süße Glasur einer riesigen Hochzeitstorte. Die sich kilometerlang hinziehende Folge unvorstellbar luxuriöser Hotels endet am HOTEL NÉGRESCO, einem in strahlendem Weiß glänzendem und sündhaft teuren Monument der Belle Epoque in Nizza. Wenn die Altstadt das geheimnisvolle und fruchtige Herz des Kuchens bildet, dann stellt die in aufreizenden Rosa-Grün-Tönen gehaltene Kuppel des NÉGRESCO das Brautpaar aus Zucker auf der Spitze des Kuchens dar. JACQUES MAXIMIN, der Küchenchef des Hotelrestaurants LE CHANTECLER, Michelangelo und Napoleon der Haute Cuisine in einer Person, ist der Eckstein dieses verschwenderisch luxuriösen Gebäudes.

TERRINE de BLETTES

Gefrorene Mangoldmeringue

Jacques Torres, der Chef-Pâtissier des Négresco, ist mit seinen 26 Jahren einer der jüngsten Träger des hoch geschätzten Titels *Meilleur Ouvrier de France*, den er für seine Pâtisserien erhalten hat. Größte Bewunderung hegt er für Jacques Maximin, der, wie er sagt, »das Unmögliche möglich macht«. Diese schöne, blaßgrüne Meringue aus Mangold mit ihrer cremigen Pastissauce trägt die Handschrift beider Männer, denn die Zutaten der Gegend (gezuckerter Mangold, Pinienkerne und Pastis, die in vielen provenzalischen Desserts verwendet werden) werden nach Art des Négresco durch die Beigabe von Sahne (Crème double) und Eiern noch verfeinert. Das ist echte Haute Cuisine. Nur sehr ehrgeizige Köche sollten sich daranwagen. Wenn sie aber gelingt, ist sie eine Sensation.

Jacques Torres, der sich von den kunstvollen Rezepten des 19. Jahrhunderts inspirieren läßt und das allmähliche Verschwinden dieser Kochkunst bedauert, ist der Meinung, daß die gute provenzalische Küche unmittelbar von der Qualität der Produkte dieses Landes abhänge: Honig, Lavendel, Melonen, Kirschen, Trauben und Obstschnäpse.

1. FÜR DIE PASTISSAUCE

¾ l Milch
1 Streifen Orangenschale (2,5 cm)
170 g Puderzucker
8 große Eigelb
2 El Pastis

2. FÜR DIE MANGOLDMERINGUE

3 Eiweiß
150 g Puderzucker
3 Blatt Gelatine, in ein wenig kaltem Wasser eingeweicht und, falls notwendig, sanft erhitzt, damit sie sich vollständig auflöst
240 ml Crème double
250 g Mangoldblätter (oder Spinat), gekocht, abgetropft und püriert
Wasser

3. FÜR DIE TRAUBENCREME MIT PINIENKERNEN

12 Eiweiß
600 g Zucker
6 Blatt Gelatine, aufgelöst, wie oben
1 l Crème double
200 g grüne, kernlose Trauben
200 g Pinienkerne

1. Zunächst die Pastissauce zubereiten. Die Milch mit der Orangenschale zum Kochen bringen. Inzwischen den Zucker langsam unter die Eier schlagen, bis die Mischung wie ein Band vom Schneebesen rinnt. Unter ständigem Schlagen die kochende Milch in die Eiermischung laufen lassen. In einen Topf schütten, die Mischung langsam erhitzen und dabei fortwährend mit einem Holzlöffel umrühren, bis die Creme am Löffel haften bleibt. Darauf achten, daß sie keinesfalls zu kochen beginnt. Vom Feuer nehmen, in ein Gefäß mit Eiswasser stellen und einige Male umrühren, damit sich keine Haut bildet. Wenn die Creme lauwarm ist, den Pastis unterheben. Zudecken und abkühlen lassen.

2. Zubereitung mit einem Zuckerthermometer: Die Eiweiß schlagen, bis sie ganz steif sind. Den Zucker in 100 ml Wasser bis auf 120° erhitzen. Unter starkem Schlagen den Zuckersirup ganz langsam auf die Eiweiß gießen, bis sich alles gut vermischt hat. Die Gelatine langsam unterziehen. Die Sahne steifschlagen und anschließend unter das Mangoldpüree heben. Diese Mischung unter die Meringuemischung ziehen und in eine große Schüssel oder eine Kuchenform schütten. Abkühlen lassen.
Zubereitung ohne Zuckerthermometer: Unter ständigem Schlagen Eiweiß und Zucker zusammen erhitzen, bis die Mischung am Schneebesen haften bleibt. Vom Feuer nehmen und die aufgelöste Gelatine unterziehen. Fortfahren wie oben beschrieben.

3. Eier, Zucker und Gelatine nach einer der beiden oben beschriebenen Methoden zubereiten. Abkühlen lassen. Die Sahne schlagen und die Früchte und Pinienkerne hineinrühren. Anschließend diese Mischung unter die Eiweißmischung ziehen und auf die erkaltete Mangoldmeringueschicht in der Schüssel gießen. Mit Aluminiumfolie bedecken und in den Kühlschrank stellen, damit die Meringue eine feste Konsistenz bekommt. Vor dem Servieren die Schüssel kurz in heißes Wasser stellen, die Meringue mit einem Messer von der Schüsselwand lösen und danach auf eine kalte Platte stürzen. In Scheiben schneiden und mit der Pastissauce servieren.

Peillon

In den Ausläufern der Berge, die sich wie die gemalte Kulisse eines alten Films im Nordosten gleich hinter Nizza erheben, ragt aus dem Tal ein schwindelerregend hoher Felsen auf, dessen Spitze die kleine mittelalterliche Stadt Peillon trägt. Von weitem scheint es so, als könne man niemals dorthin gelangen. Weiße Nebelschwaden steigen von den höheren, schneebedeckten Bergen herab und verhüllen die Grundmauern des Städtchens. Erst hinter der letzten Biegung der Serpentinenstraße erblickt man den Weg, der, gesäumt von Pinien und Olivenbäumen, direkt hinauf in die Stadt führt. Dort findet man dann – als Kontrast zu der imposanten, fast dramatischen Kulisse – die hübsche, und gemütliche AUBERGE DE LA MADONE, die im Sommer rundum mit Geranien geschmückt ist, und durch deren Räume im Winter der wunderbare Duft der ausgezeichneten, für die Gegend typischen Küche von CHRISTIAN MILLO zieht.

TOURTON des PÉNITENTS

Omelett mit Kräutern und Pinienkernen

CHRISTIAN MILLO, Chef der AUBERGE DE LA MADONE, nennt diesen kleinen, flachen Eierkuchen mit Kräutern *Tourton des Pénitents* wegen der *Pénitents blancs*, der weißgekleideten Pilger, die regelmäßig zu Fuß die Kapelle neben dem Restaurant aufsuchen. Die Eier dienen nur dazu, die Unmengen frischer Kräuter, den Käse und die knusprigen, goldbraunen Pinienkerne zu verbinden. Das Geheimnis dieses Rezepts besteht darin, daß keines der vielen Kräuter geschmacklich dominiert. In der AUBERGE DE LA MADONE wird der *Tourton des Pénitents* als köstlicher und recht sättigender erster Gang eines Frühjahrsmenus serviert.

Für 4 Personen

1½ El Frühlingszwiebeln, Schalotten, oder der weiße Teil einer Lauchstange, fein gehackt
½ Knoblauchzehe, gehackt
Olivenöl
700 g Spinat oder Mangold
4 El Pinienkerne/Nüsse
4 El Schnittlauch, fein gehackt
je 1 El frische Minze oder Basilikum (je nach Saison), Bohnenkraut, Thymian, Kerbel, fein gehackt
3 große Eier
3 El Crème double
125 g Gruyère, gerieben
Salz und Pfeffer

Frühlingszwiebeln (oder Lauch) und Knoblauch in Öl weichdünsten. Spinat oder Mangold kurz blanchieren, die Flüssigkeit sehr gut ausdrücken und das Gemüse fein hacken. Alle Zutaten zusammenmischen (außer Eiern, Crème double und Käse) und in eine gut geölte Pfanne geben. Bei großer Hitze ungefähr 5 Minuten kochen, bis die Kräuter weich, aber noch grün sind. Vom Feuer nehmen und die Flüssigkeit abgießen. Eier, Sahne und Käse verrühren, in die Kräutermischung geben und gut vermischen. Die Mischung zu einer runden Form von ungefähr 10 cm Durchmesser und 2 cm Dicke zusammendrücken und im Ofen bei mittlerer Hitze backen. Nach ungefähr 10 bis 15 Minuten, wenn die Oberseite gut gebräunt ist, die

Pfanne herausnehmen, mit einem Teller bedecken, den Kuchen daraufstürzen und wieder in die Pfanne gleiten lassen, in den Ofen schieben und auf der anderen Seite goldbraun backen. Noch zischend heiß auf einer gut vorgewärmten Platte mit ein paar Eßlöffeln Tomatencoulis servieren.

COULIS de TOMATES
Tomatencoulis

Olivenöl
1 kg sehr reife Tomaten
1 Zwiebel, fein gehackt
1 Tl Zucker
1 Bouquet garni aus Thymian, Lorbeerblatt und Rosmarin
Salz und Pfeffer

2 El Öl erhitzen und alle Zutaten außer Salz und Pfeffer 15–20 Minuten darin kochen lassen. Durch ein Sieb geben und noch einmal 30–40 Minuten ohne Deckel kochen. Mit Salz und Pfeffer abschmecken, in kleine Gläser füllen, mit Olivenöl bedecken und im Kühlschrank aufbewahren.

CONFITURE d'OIGNONS
Zwiebelchutney

In der Gegend von Monte Carlo gibt es ein altes Rezept für winzige süßsaure Zwiebeln – *Oignons à la Monégasque* –, auf die mit Sicherheit das pikante Zwiebelchutney von heute zurückgeht. Es paßt ausgezeichnet zu den *Caillettes* (S. 125); Christian Millo reicht es zu seiner köstlichen *Terrine à l'Ancienne*. In der Auberge Provençale in Eygalières wird dieses Zwiebelchutney einfach mit frischen Radieschen und knusprigem Brot serviert.

1½ kg kleine Zwiebeln, längs in feine Scheiben geschnitten
500 g Kochäpfel, geschält, das Gehäuse entfernt und in Würfel geschnitten
Saft und geriebene Schale einer halben Zitrone
300 ml Wasser
350 ml Sherry oder Weißweinessig
350 g weißer Zucker
100 g gutes Tomatencoulis
4 El würziger Blütenhonig (Akazie, Lavendel, usw.)
1 Tl Sirup von eingelegtem Ingwer (nach Wunsch, oder etwas mehr Honig verwenden)
½ Tl Salz
1 Tl Zimt
1 Tl Cayennepfeffer

Zwiebeln, Äpfel, Zitrone und Wasser in einen großen Edelstahl- oder Aluminiumtopf geben und 20 Minuten lang simmern lassen. Die Hälfte des Sherry (Essig) dazugeben, den Topf zudecken und auf kleiner Flamme so lange köcheln lassen, bis die Zwiebeln sehr weich sind. Den in dem restlichen Sherry aufgelösten Zucker, das Tomatencoulis, den Honig und den Ingwersirup hinzufügen, mit Salz, Zimt und Cayennepfeffer würzen und weitere 20 Minuten kochen, bis das Zwiebelchutney dick und sirupartig ist. 10 Minuten lang stehen lassen, dann den Schaum abschöpfen, der sich an der Oberfläche gebildet haben könnte. Das noch warme Chutney in saubere, warme Gläser füllen und gut verschließen.

Lucéram

Nicht weit nördlich von Peillon liegt das Dörfchen Lucéram, das seine unmittelbare Nachbarschaft zur italienischen Grenze kaum verleugnen kann, da mindestens die Hälfte seiner 550 Einwohner Piemontesisch, den italienischen Dialekt dieser Gegend, spricht. An einem kalten Februartag, an dem sich dicke neue Schneewolken hinter dem alten Kirchturm aus dem 15. Jahrhundert auftürmten, saßen der Bürgermeister von Lucéram, seine beiden Gäste, das gesamte Personal des Hotels MÉDITERRANÉE und drei seiner langjährigen Gäste im Restaurant und diskutierten in einem merkwürdigen Sprachgemisch aus Provenzalisch und Italienisch über die Vergangenheit und Zukunft der Gastronomie der Gegend. Die Stimme des Bürgermeisters konnte nur mit Mühe, das Gezeter des Papageis am Fenster und die Zigeunerstimme von Joséphine, der neunundsechzigjährigen *Grande dame du Méditerranée*, übertönen.

LA SOUPE de COURGE

Kürbissuppe

Große orangefarbene Kürbisse sind eine Spezialität der Gegend von Lucéram. Man garniert damit die Pizza, wenn gerade nicht Tomatensaison ist, und man verwendet sie für Suppen, um damit entweder eine französische Version der Minestrone oder eine orangefarbene süße Cremesuppe zuzubereiten. Beide machen sich besonders gut, wenn sie in einer ausgehöhlten Kürbisschale serviert werden.

Für 6 Personen

1 kg Kürbisfleisch, gewürfelt
250 g mehlige Kartoffeln, geschält und gewürfelt
3 Lauchstangen, gesäubert und fein gehackt
1 Knoblauchzehe, zerstampft
2 El frischer Majoran, fein gehackt
½ Tl Muskat
2 l Bouillon (oder Wasser)
Salz und Pfeffer
50 g Reis
100 g Gruyère, gerieben
3 hartgekochte Eier, gehackt

Alle Zutaten, außer Eiern, Käse und Reis, in einen tiefen Topf geben. Zum Kochen bringen und auf kleiner Flamme 30 Minuten lang simmern lassen. Pürieren, mit Salz und Pfeffer abschmecken und wieder sanft zum Kochen bringen. Den Reis hinzufügen und weitere 20 Minuten simmern lassen. Die fertige Suppe in eine ausgehöhlte Kürbishälfte geben und mit geriebenem Käse und gehackten Eiern bestreuen.

LA SOUPE aux CHÂTAIGNES

Maronensuppe

Vor fünfzig Jahren, als noch keine Touristen zum Skifahren nach Lucéram kamen und damit dem Ort zu einem gewissen Wohlstand verhalfen, galten Dorfbewohner schon als reich, wenn bei ihnen die Suppe nicht als Hauptgang, sondern nur als Vorspeise zu den Mahlzeiten gereicht wurde. Ihre Nachbarn weiter im Norden ernährten sich den ganzen Winter über nur von Polenta (hin und wieder durch Kleinwild bereichert) und Kastanien. Diese erstaunlich raffinierte Suppe ist ein Überbleibsel aus dieser Zeit, in der der Tourismus noch unbekannt war.

Für 4 Personen

700 g Maronen (frisch oder getrocknet)
Rotwein
3 Lauchstangen, fein gehackt
1 l kräftige Bouillon
Salz und Pfeffer
1 große Kaffeetasse gekochter Reis
1 El Petersilie oder Kerbel, fein gehackt

Um die Kastanien zu schälen (sofern frische Kastanien verwendet werden), die Schalen kreuzweise einritzen und sie anschließend einige Minuten lang kochen lassen. Wenn sie abgekühlt sind, die Schalen und die Innenhäutchen abziehen. Die Kastanien 2 Stunden lang in Rotwein einweichen, abtropfen lassen, abtrocknen und zusammen mit dem Lauch, der Bouillon und dem Salz in einen großen Topf geben. Zudecken, zum Kochen bringen und ungefähr 45 Minuten lang simmern lassen, bis die Kastanien weich sind. Ein paar große Kastanien herausnehmen, alles übrige pürieren und mit dem gekochten Reis wieder erhitzen. Abschmecken und mit den ganzen Kastanien und etwas Kerbel servieren. Will man die Suppe gehaltvoller machen, rührt man etwas frischen Käse hinein (Rezept Seite 50), der einen wunderbaren Kontrast zu dem sanften und etwas süßlichen Geschmack der Kastanien bildet.

CAILLE à la POLENTE

Polenta mit Wachtelsauce

Als ich Joséphine fragte, wie und wann man dieses Gericht servieren solle, ließ sie ein lustvolles Stöhnen hören: »Natürlich im Winter! In der heißen und dampfenden Polenta, die man zuerst in die Schüssel gibt, können sich die kleinen Vögel obendrauf ihre Füßchen wärmen!« Sie kocht immer einen großen Topf Polenta; die hier im Rezept angegebene kleinere Menge läßt sich leichter zubereiten.

Für 4 Personen

Die Polenta

1 l Bouillon,
möglichst selbst zubereitet
1 El frische Petersilie, gehackt
1 Tl frischer Thymian, gehackt
225 g grobkörnige Polenta
1 El Olivenöl

Die Wachteln

8 Wachteln oder 4 Stubenküken, Tauben, Waldschnepfen oder Auerhennen mit Innereien
Olivenöl
grobes Salz
die weißen Teile von 2 Lauchstangen, in dünne Scheiben geschnitten
1 Thymianzweig pro Vogel
8 dünne Scheiben ungeräucherter Speck
2 Knoblauchzehen, fein gehackt
1 große reife Tomate, geschält, entkernt und gehackt
300 ml Hühner- oder Rindfleischbrühe
150 ml Rotwein
Salz und Pfeffer

Zum Garnieren

etwas Saft und 2 El fein gehackte Schale einer Zitrone
frischer Kerbel, gehackt

Zuerst die Polenta zubereiten. Die Bouillon in einem großen Topf langsam zum Kochen bringen. Die Polenta wie ein dünnes Band so, daß man die einzelnen Körner erkennen kann, hineinlaufen lassen und dabei mit einem Holzlöffel fortwährend umrühren. 15 ml Olivenöl und die Kräuter dazugeben und solange weiterrühren, bis sich die Masse von den Seiten des Topfes abzulösen beginnt. Die Polenta in eine gefettete Kuchenform geben und abkühlen lassen.
Den Ofen auf 200°/Gas Stufe 6 vorheizen. Die Vögel ausnehmen und die Innereien zur Seite stellen. Die Bauchhöhlen der Vögel mit Olivenöl und grobem Salz einreiben und mit dem Lauch und Thymian füllen. Die gefüllten Vögel in Speckstreifen einwickeln, mit Küchengarn zusammenbinden und in einer Kasserole 35 bis 40 Minuten, je nach Größe der Vögel, im Ofen braten lassen, bis ein klarer gelber Saft austritt. Das Küchengarn entfernen und die Tiere warmstellen. Den Ofen jetzt auf 230°/Gas Stufe 8 heizen. Die Innereien kleinschneiden und mit dem Knoblauch und der Zwiebel in den Bräter geben. Ein paar Minuten auf kleiner Flamme köcheln lassen. Tomaten, Hühnerbrühe und Wein dazugeben und bis auf die Hälfte einkochen lassen. Dabei den Bratensatz sorgfältig ablösen. Mit Salz und Pfeffer abschmecken. Will man das Essen noch verfeinern, seiht man die Sauce durch ein Sieb. Die Polenta aus der Backform nehmen, in 12 mm dicke Scheiben schneiden und, einander überlappend, in einer Lage auf ein mit Öl eingefettetes Backblech legen. Die Vögel auf der Polenta verteilen, mit Folie bedecken und im Ofen erwärmen. Kurz vor dem Servieren etwas Zitronensaft darüberträufeln und mit kleingehackter Zitronenschale und Kerbel garnieren.

Polenta nach Großvaters Art

Als Josephines Großvater noch lebte, schnitt er die Polenta, die vom Vortag übriggeblieben war, in kleine runde Stücke von der Dicke einer normalen Brotscheibe und bestrich sie mit scharfem Senf. Darauf legte er ein Stück Gruyère, und auf dem Käse wiederum verteilte er winzige halbierte provenzalische Tomaten mit einem wunderbar süßen Erdbeeraroma. Die Polenta wurde kurz in ein wenig heißem Olivenöl gebacken, bis der Käse zu zerlaufen begann, und anschließend mit Salz und frisch gemahlenem schwarzen Pfeffer bestreut.

Château-Arnoux

Pierre Gleize würde heute sicherlich immer noch in Apt gezuckerte Veilchen herstellen, wenn er nicht eines Tages in der alten Poststation aus dem 18. Jahrhundert in Château-Arnoux eingekehrt wäre. Dort begann nicht nur seine neue Karriere, sondern er traf auch die zukünftige Madame Gleize, deren Familie den Gasthof schon seit Generationen geführt hatte.

Château-Arnoux liegt dicht an der nordöstlichen Grenze der Provence, in einer Gegend, die der provenzalische Schriftsteller Jean Giono als »Land ohne Extreme« bezeichnet hat, und die Pierre Gleize mit dem schottischen Hochland vergleicht. »Aber wir haben hier so ziemlich alles, außer gutem Rindfleisch und guter Sahne«, sagt er, »und wir haben vor allem Sonnenschein!« Aus dem nahegelegenen Sisteron stammen die Lämmer, die nicht Gras, sondern wilden Rosmarin und Thymian fressen und die die Gleizes zu dem wunderbaren rohen Lammschinken verarbeiten, der wie der Parmaschinken eingesalzen und luftgetrocknet und dann in hauchdünne Scheiben geschnitten serviert wird. In ihrem Garten wachsen süßer Ysop zum Würzen des Kaninchenbratens, Frühjahrsgemüse, zarte Zucchiniblüten und Lavendel für den selbstgemachten Honig, mit dem man den Entenbraten begießt. Dieses Restaurant gehört zu den wenigen vom Guide Michelin ausgezeichneten Lokalen, die die traditionellen Gerichte der Gegend wie *Tarte aux potirons* (Kürbistorte) oder *Pâte de coings* (Quittenpaste) auf ihrer Speisekarte führen.

CANETON AU MIEL de LAVANDE et au CITRON

Gebratene Ente in Lavendelhonig und Zitrone

Im Frühjahr ist die Haute Provence von einem Meer weißer und rosa Obstbaumblüten bedeckt. Wenn die Blüten fallen und vergehen, beginnt der Lavendel zu blühen: violette Felder, soweit das Auge reicht, und dazwischen die langgezogenen Streifen von sonnengebleichter Erde. Die Provenzalen haben ihr Nougat und ihren Frischkäse immer mit Lavendelhonig gesüßt, aber es ist noch gar nicht so lange her, daß sie ihn auch zu Fleisch- und Geflügelgerichten verwenden, was besonders erstaunlich ist, wenn man die lange arabische Geschichte der Provence berücksichtigt.

Für 6 Personen

3 junge Enten von 1,4 kg Gewicht (möglichst mit den Innereien), gerupft und ausgenommen
Pfeffer und Salz
Butter oder Olivenöl

Die Bouillon

Innereien der Enten
Butter zum Braten
2 Karotten, gehackt
1 Zwiebel, gehackt
1 Zweig Thymian
½ Lorbeerblatt
275 ml Weißwein
(Wenn Sie keine Enten mit Innereien auftreiben können, um daraus die Brühe zu kochen, bereiten Sie statt dessen 200 ml Hühnerbrühe zu)

Die Sauce

90 ml Weinessig
10 ml Lavendelhonig
60 ml Zitronensaft
200 ml Brühe (siehe oben)
50 g Butter
Salz und Pfeffer

Den Ofen auf 220°/Gas Stufe 7 vorheizen. Zunächst die Enten zubereiten. Das überschüssige Fett aus der Bauchhöhle entfernen, die Flügelspitzen abschneiden und zusammen mit den Innereien für die Brühe aufbewahren. Die Enten innen und außen mit Salz und Pfeffer würzen, dann Beine und Flügel mit Küchengarn am Körper fixieren, damit sie gleichmäßig gebraten werden können. Für die Zubereitung der Brühe die Innereien und Flügelspitzen in etwas Butter anbraten und die Gemüse und Kräuter dazugeben. Gut umrühren, den Wein und genug Wasser dazuschütten, damit alles gut bedeckt ist. Auf kleiner Flamme köcheln lassen und währenddessen die Enten auf allen Seiten in Butter gut anbraten. Anschließend in den heißen Ofen schieben und unter wiederholtem Begießen mit dem Bratensaft ungefähr 20 Minuten lang braten lassen. Aus dem Ofen nehmen und warmstellen. Den Fond mit Essig ablöschen und, wenn die Sauce sirupartig eingekocht ist, den Zitronensaft, den Honig und die durchgeseihte Brühe hinzufügen. Auf dem Feuer lassen, bis die Sauce wieder eindickt; die Butter dazugeben und mit Salz und Pfeffer abschmecken. Die Entenbrüste aufschneiden und auf eine vorgewärmte Servierplatte legen. Die Keulen vom Rumpf abtrennen und von jeder Seite kurz unter den Grill legen. Mit der Honig-Zitronensauce servieren.

FLEURS de COURGETTES FARCIES SAUCE POMME d'AMOUR

Gefüllte Zucchiniblüten in Tomatencoulis

Die Familie Gleize verarbeitet nur die besten Zutaten der jeweiligen Jahreszeit. An einem Frühlingstag entschuldigte sich Madame Gleize einmal, daß sie ihre wunderbaren gefüllten Zucchiniblüten nicht servieren könne. »Seien sie nicht enttäuscht! Der Spargel ist besonders zart. Und heute ist der erste Sonntag der Morchelsaison. Alle haben sich wie die Verrückten auf die Suche gemacht; also vielleicht Morgen . . .«

Für 6 Personen

250 ml Hühnerbrühe
18 große Zucchiniblüten (direkt vor der Zubereitung pflücken)
30 ml Olivenöl

Die Sauce

500 g feste, reife Tomaten, geschält und entkernt
Geriebene Schale einer Zitrone, ohne die weiße Haut
3–4 Basilikumblätter, fein gehackt
1 El Petersilie, fein gehackt
1 El Kerbel, fein gehackt
1 Messerspitze Korianderpulver
1 Knoblauchzehe, zerdrückt
100 ml Olivenöl
Salz und Pfeffer

Die Farce

3 mittelgroße Zucchini, fein gehackt
30 ml Olivenöl
6 frische Basilikumblätter, in feine Streifen geschnitten
6 frische Minzeblätter, fein gehackt
1 Handvoll frische Petersilie, fein gehackt
2 kleine Knoblauchzehen, fein gehackt
Salz und Pfeffer
1 gute Handvoll fein gemahlene Semmelbrösel
1 Ei, geschlagen

Die Sauce mindestens 12 Stunden im voraus zubereiten. Dazu die Tomaten mit einer Gabel zerdrücken und Zitronensaft, Kräuter, Koriander, Knoblauch und Olivenöl hinzufügen, mit Salz und Pfeffer würzen. Nicht in den Kühlschrank stellen.
Zubereitung der Farce: Die Zucchini in 30 ml Olivenöl dünsten. Wenn sie zart sind, vom Feuer nehmen und Basilikum, Minze, Petersilie, Knoblauch und Salz und Pfeffer dazugeben. Abkühlen lassen und die Semmelbrösel und das geschlagene Ei hinzufügen.
Die Fruchtknoten aus den Zucchiniblüten entfernen, dann mit einem Löffel die Farce hineinfüllen, die unteren Enden der Blüten herunterdrükken, und die Blüten nebeneinander in eine Backform legen. Die Brühe und das Olivenöl darübergießen, mit einer Folie bedecken und 15 Minuten lang im vorgeheizten Ofen (180°/Gas Stufe 4) backen. Vor dem Servieren auf jeden Teller etwas Tomatencoulis geben und jeweils drei Zucchiniblüten darauflegen.

Fayence

In dem gemütlichen, nach Knoblauch duftenden Restaurant FRANCE serviert man frische, knackige Salate als Vorspeise, kräftige gebratene Hähnchen mit Pinienkernen und Kräutern und leichte Torten aus Eiern und Früchten – alles ebenso einfach wie köstlich.

POULET aux PIGNONS
Brathähnchen mit Pinienkernen

Dies ist weniger ein Rezept als eine Veranschaulichung des winterlichen Aromas der Provence, durch das selbst das fadeste Hähnchen ein schmackhaftes Gericht wird.

Für 4 Personen

1 Hähnchen, ca. 1,5 kg
1 Zitrone
4–6 El frische Kräuter wie Thymian, Majoran und Bohnenkraut, fein gehackt
Olivenöl
Salz und frisch gemahlener Pfeffer
4–6 El Pinienkerne oder Nüsse
Weißwein (nach Wunsch)
frischer Kerbel, gehackt, zum Garnieren

Den Backofen auf 200°/Gas Stufe 6 vorheizen. Das Hähnchen von innen mit einem feuchten Tuch auswischen und trockentupfen. Die beiden Zitronenhälften auspressen und je 2 El gehackte Kräuter in die Brusthöhle stecken. Das Hähnchen mit Olivenöl bepinseln, mit Pfeffer und den restlichen Kräutern (außer Kerbel) bestreuen und 80 Minuten mit der Brustseite nach unten braten, anschließend umdrehen und noch einmal 20 Minuten braten. (Aber erst nach den ersten 20 Minuten gelegentlich begießen.) Auf eine Servierplatte legen und warmstellen. Die Pinienkerne in den Bräter geben und bei großer Hitze goldbraun rösten. Den Bratensatz mit einem Spatel gründlich abkratzen oder mit einem Glas von dem Weißwein, der zum Essen vorgesehen ist, ablöschen. Im letzteren Fall muß man die Flüssigkeit dann auf die Hälfte einkochen lassen. Anschließend den Bratenjus mit den Pinienkernen über das Hähnchen schütten. Mit Kerbel garnieren und servieren.

Bargemon

In der kleinen, von Platanen umsäumten Stadt Bargemon servieren die Köche das ganze Jahr über besonders gern Basilikumsauce zu gebratenen Hähnchen und zu Kaninchen. Doch sogar in der Provence gibt es im Winter kein frisches Basilikum. Deshalb pflückt man im Sommer große Bündel dieses wunderbar duftenden Krautes, püriert es mit gutem Olivenöl und bewahrt es im Kühlschrank in fest verschlossenen Gläsern auf, um auch während der kalten Jahreszeit den Gerichten ein sommerliches Aroma zu verleihen.

POULET FARCI au BASILIC

Gebratenes Hähnchen mit Basilikumfüllung

Das folgende Rezept ist nur eine der unzähligen Möglichkeiten, wie man das frische Basilikumpüree verwenden kann. Ein gebratenes Hähnchen, das Sie ausschließlich mit frischem Basilikum füllen, ist ein köstliches Gericht; wenn Sie sich aber ein etwas raffinierteres und gehaltvolleres Gericht vorstellen, dann können Sie dazu eine Sahnesauce mit Basilikum und Lauch servieren.

Für 4 Personen

4 Hähnchenbrüste
5 El püriertes Basilikum
Salz und frisch gemahlener Pfeffer
1 Lauchstange, fein geschnitten
400 ml selbstgemachten (vgl. S. 50) oder gekauften Frischkäse (Magerstufe) oder einfache Sahne

Sorgfältig die Haut von den Hähnchenbrüsten ablösen, sie aber jeweils an einem Ende befestigt lassen. Eine Tasche in jede Hähnchenbrust schneiden und mit 1 El Basilikumpüree füllen. Wieder mit der Haut bedecken, mit Salz und Pfeffer würzen und 15–20 Minuten von jeder Seite braten, bis der austretende Bratensaft klar ist. Inzwischen die Sauce zubereiten: In einem Topf, in dem die Zutaten nicht anhängen, den Lauch mit einer ganz kleinen Menge Olivenöl vom Basilikumpüree weichdünsten. Den Frischkäse dazugeben und auf kleiner Flamme ungefähr auf die Hälfte einkochen lassen. In letzter Minute 1 El Basilikumpüree hinzufügen, die fertige Sauce über die Hähnchenbrüste geben und servieren.

PURÉE de BASILIC

Basilikumpüree

frische Basilikumblätter
Olivenöl

Die Basilikumblätter fein hacken oder in einem Mörser zu einem Püree zerstampfen. Das Olivenöl dazugeben – ungefähr 1 El für 10 Blätter. In kleine Einmachgläser füllen, Öl darübergießen und gut verschließen.

Am Fuße des Hügels, auf dem der kleine Ort Opio liegt, nicht weit von Grasse entfernt, steht eine alte Ölmühle, die seit sieben Generationen der Familie Michel gehört. Dort kann man auch die Überreste einer Ölmühle aus dem 15. Jahrhundert entdecken. Ungefähr von Mitte November bis März zermahlen zwei Ölpressen – eine moderne und eine etwas ältere – die kleinen Nizzaer Oliven, die das gute grüne Öl ergeben, das in glänzenden Weißblechdosen in einem Geschäft an der Mühle verkauft wird.

SALADE de TOMATES à l'ORANGE

Tomatensalat mit Orangenschale

Seien Sie nicht erstaunt über die für diesen Salat angegebenen Mengen von Salz und Essig. Lassen Sie aber die Tomaten gut abtropfen, nachdem Sie sie aus der Marinade genommen haben. Und verwenden Sie wie bei allen Gerichten, für die Olivenöl zum Würzen eine wichtige Rolle spielt, das beste, das Sie auftreiben können – es lohnt sich.

Für 4 Personen

4 große oder 6–8 kleinere saftige Tomaten, jeweils in 8 Stücke geschnitten
1 El Salz
frisch gemahlener Pfeffer
4 El Estragonessig
Saft und die in feine Streifen geschnittene Schale einer Orange
4 El Olivenöl

Die Tomaten in eine Schüssel geben und gut mit Salz, Pfeffer, Essig, Orangensaft und 2 El Olivenöl vermischen. 2–3 Stunden lang an einem kühlen Ort ziehen lassen. Kurz vor dem Servieren die Tomaten aus der Schüssel nehmen, sorgfältig abtropfen lassen und in einer anderen Schüssel mit 2 El frischem Olivenöl vermischen. Die kleingeschnittene Orangenschale darüberstreuen und servieren.

LA DAURADE du PÊCHEUR

Goldbrasse nach Fischerart

Bei diesem Rezept wird das Olivenöl wegen seines pfefferig-strengen Eigengeschmacks verwendet. Außerdem soll es das manchmal sehr trockene Fleisch der Goldbrasse saftig halten.

Für 4 Personen

4 Frühlingszwiebeln oder Schalotten, längs halbiert
2 kleine Fenchelknollen (mit blättrigen Spitzen), in feine Streifen geschnitten
50 g schöne Pilze, in dünne Scheiben geschnitten
5 El Olivenöl
1 Tomate, geschält, entkernt und in Scheiben geschnitten
1 gehäufte Messerspitze Safran
1 großes Glas trockener Weißwein
700 g Goldbrassen
grobes Meersalz und frisch gemahlener schwarzer Pfeffer

Den Backofen auf 180°/Gas Stufe 4 vorheizen. In einer großen Pfanne Zwiebeln, Fenchel und Champignons in 2 El Olivenöl auf kleiner Flamme so lange dünsten, bis sie zart sind. Tomaten und Safran dazugeben und 5 Minuten kochen lassen. Danach den Weißwein hineingießen und noch ein paar Minuten kochen lassen. Inzwischen den Fisch dreimal diagonal bis zur Hauptgräte einschneiden und mit Meersalz und Pfeffer einreiben. Die Gemüse in eine gefettete ovale Backform schichten, den Fisch darauflegen, den Gemüsesud darübergießen und ungefähr 20 Minuten lang backen. Kurz vor dem Servieren noch etwas Olivenöl darüberträufeln und in der Backform servieren.

· Auribeau ·

In der Gegend nördlich von Cannes, wo die Villen sich wie übereinander geschichtete Steinplatten an den Hängen der Hügel entlangziehen, thronte ganz oben friedlich das kleine Dorf Auribeau, und zu alleroberst sein Wirtshaus NOSSI BE, bis ein schrecklicher Brand im Sommer 1986 das Dorf teilweise zerstörte.

LES GOUJONETTES de SOLE aux PISTILS de SAFRAN et son FLAN de MOULES au CERFEUIL

Seezungenfilets in Safransauce mit Muschelflan

Der junge MONSIEUR RETORE, Besitzer und Küchenchef des Restaurants NOSSI BE, servierte seinen *Flan de moules* mit Seezungenfilets und einer raffinierten, fast süßen Safransauce. Der Flan kann aber auch als Hauptgericht mit einem knackigen Salat oder getoastetem Brot serviert werden.

Für 6 Personen

Der Muschelflan

1 kg frische kleine Muscheln (vorzugsweise diejenigen, die in der Provence *Bouchots* genannt werden)
2 Eier
250 ml Crème double
Kerbel
Salz und Pfeffer

Die Seezungenfilets

2 El kleingehackte Schalotten
12 Seezungenfilets
260 ml trockener Weißwein
Salz und schwarzer Pfeffer
100 g Butter, in kleine Stücke geschnitten
1 gehäufte Messerspitze Safran
250 ml Crème double, leicht geschlagen
Tomaten (vorzugsweise winzige, süße Kirschtomaten) zum Garnieren

Den Backofen auf 180°/Gas Stufe 4 vorheizen. Die Muscheln unter fließendem Wasser waschen und mit einem Messer Tang und Schmutz sorgfältig abkratzen. Alle Muscheln wegwerfen, die nicht fest geschlossen sind und unnormal schwer zu sein scheinen. In einen großen Topf geben, fest zudecken und bei großer Hitze kochen. Dabei mehrmals kräftig schütteln, bis sich die Muscheln geöffnet haben (5–7 Minuten). Das Muschelfleisch aus den Schalen lösen und in 6 ausgebutterte Flanförmchen verteilen. Eier, Sahne und Kerbel verrühren, salzen und pfeffern, in die Förmchen geben, mit Aluminiumfolie bedecken und im Wasserbad ungefähr 20 Minuten lang kochen lassen. Währenddessen den Fisch zubereiten:
Den Boden eines eingefetteten Backblechs mit den gehack-

ten Schalotten bedecken. Die Seezungenfilets darauflegen und mit dem Wein und ein paar Löffeln kaltem Wasser befeuchten. Mit Salz und Pfeffer bestreuen und mit Aluminiumfolie bedecken. Die Flans aus dem Ofen nehmen und warmstellen. Die Ofentemperatur jetzt auf 220°/Gas Stufe 7 erhöhen und die Seezungenfilets ungefähr 15 Minuten lang backen.

Herausnehmen und warmstellen. Den beim Backen entstandenen Jus auf großer Flamme auf die Hälfte einkochen lassen und dabei allmählich die Butter und den Safran hinzufügen. Nachdem der Jus eingekocht ist, die Sahne hineinrühren und anschließend vom Feuer nehmen. Vorsichtig die Flans in die Mitte der einzelnen Teller stürzen. Über jeden Flan etwas Sauce geben, die Filets auf die Teller verteilen und mit kleinen Tomatenscheiben oder Kerbelzweigen garnieren.

Cannes

Das Gesicht von MADAME AGNÈSE, deren Familie seit 1914 im Käsegeschäft tätig ist, bekommt einen heiteren Ausdruck bei dem Gedanken an das Festival von Cannes. »Alle großen Namen sind dann hier versammelt«, sagt sie begeistert. Dabei denkt sie natürlich nicht an die Filmfestspiele, sondern an das weniger berühmte Käsefestival im Mai. Ihr kleiner, sauberer Laden LA FROMAGERIE DES ALPES in der Rue d'Antibes quillt dann über von Käseliebhabern, die mit noch mehr Enthusiasmus als gewöhnlich aus den vielen Regalen kleine Ziegenkäse in merkwürdigen Formen und von mitunter seltsamer Beschaffenheit aussuchen, die auf Matten aus Stroh und Blättern auf die Kunden warten.

OMELETTE au BROCCIO

Omelett
mit Ziegenkäse
und frischer Minze

Dieses Omelett hat einen süßlichen Geschmack und das köstliche Aroma von frischer Minze. Am besten geeignet sind der milde, sahnige korsische Ziegen-(und Schafs-)käse *Broccio* oder der strenger schmeckende *Brin d'Amour*, der in wilde Kräuter eingewickelt ist, die nach Minze und frisch gemähtem Heu duften.

Für 2 Personen

15 g ungesalzene Butter
3 frische Minzeblätter, in dünne Streifen geschnitten
3 Eier, leicht geschlagen mit 2 Tl Zucker
3 El milder Ziegenkäse
1 El Crème double
Zucker zum Bestreuen
2 Minzeblätter zum Garnieren

Eine Pfanne von 25 cm Durchmesser erhitzen. Die Butter mit den Minzestreifen auf großer Flamme zergehen lassen. Wenn die Butter gerade aufhört, Blasen zu werfen, die Eier hineingeben, unmittelbar danach den Käse und dann mit einem Löffel die Sahne darüber verteilen. Die Pfanne mehrmals hin- und herschütteln und das Omelett ringsherum mit einem Spatel etwas anheben, damit die noch flüssige Mischung darunterlaufen kann. Wenn die Oberfläche des Omeletts nicht mehr flüssig, aber noch teigig ist, das Omelett von zwei Seiten zur Mitte hin zusammenklappen und so auf eine sehr heiße Servierplatte legen. Mit Zucker bestreuen, mit Minzeblättern garnieren und sofort servieren.

FROMAGE FRAIS
à la CIBOULETTE

Selbstgemachter Frischkäse
mit Schnittlauch
(ergibt 500 g)

In jedem provenzalischen Käseladen, der etwas auf sich hält, findet man einen oder mehrere Steinguttöpfe mit selbstgemachtem Frischkäse, in dem ein großer Holzlöffel steckt. Es gibt den einfachen Frischkäse, den man mit Crème fraîche, Honig oder selbstgemachter Konfitüre vermischen kann, und es gibt solchen, der mit frischen Kräutern angemacht ist, an der Côte d'Azur meistens mit Schnittlauch und Kerbel. Wenn man Glück hat, kann man Frischkäse aus Ziegenmilch bekommen, wie den aus der MAISON AGNÈSE. Die folgende einfache Version wird mit normaler Kuhvollmilch zubereitet.

1,5 l frische (nicht sterilisierte) Vollmilch
500 ml Crème double
10 ml Lab, flüssig
1 Tl Salz
einige schwarze Pfefferkörner
2 El frischer Schnittlauch, grob gehackt, und, wenn möglich, einige violette Schnittlauchblüten
2 El frischer Kerbel oder Petersilie, grob gehackt (ein wenig mehr für die Garnierung, falls Sie keine Schnittlauchblüten haben) oder 2 El von dem frischen Basilikumpüree von Seite 44
1 großer oder mehrere kleine Körbe aus Weidengeflecht
ca. 1 m Musselin oder Gaze

Milch und Crème double in einem großen Topf erhitzen. Wenn die Mischung lauwarm ist, das Lab sorgfältig hineinrühren. Den Topf vom Feuer nehmen, mit einem sauberen Tuch bedecken und so lange stehen lassen, bis die geronnene Milch sehr fest ist (ungefähr 3 bis 5 Stunden). In einen Durchschlag geben, der doppelt mit einem Musselintuch ausgelegt wurde, und ungefähr 1½ Stunden lang an einem kühlen Ort über einer großen Schüssel abtropfen lassen. Den Käse wieder aus dem Durchschlag nehmen und mit Salz, Pfeffer und den Kräutern vermengen. Die Schnittlauchblüten und 1 El Kräuter für die Dekoration zurückbehalten. Den Korb mit dem Musselin oder der Gaze auslegen und den Käse kräftig hineindrücken. Noch einmal 24 Stunden über einer Schüssel abtropfen las-

sen – er wird um so fester, je länger man ihn abtropfen läßt. Den fertigen Frischkäse aus dem Korb nehmen, auf einen Teller legen, und die Schnittlauchblüten und Kräuter in die Oberseite des Käses eindrücken. Statt Mayonnaise zu einer Schale mit rohen Gemüsen und Salaten und knusprigem Weißbrot servieren. Der Käse hält sich an einem kühlen Ort ungefähr 3 Tage. Man kann ihn auch zum Andicken einer Sauce verwenden oder mit Honig oder Sahne vermischen. In diesem Fall werden natürlich Salz, Pfeffer und Kräuter weggelassen. In der entzückenden AUBERGE JARRIÈRE in Biot serviert man den Frischkäse pur mit kleinen Schalen Zucker, Honig und gehackten frischen Kräutern – eine Art *Do-it-yourself*-Version dieses Rezepts.

Der *Banon* ist ein kleiner Ziegenkäse, der in mit Schnaps getränkten Kastanienblättern eingewickelt und mit Bast zusammengebunden ist, um das Zusammenspiel der Aromen zu begünstigen. In dem *Bouton de Coulotte*, dem winzigen Ziegenkäse, der kaum größer als ein Hosenknopf ist, stecken Strohhalme, die den Alterungsprozeß vorantreiben. Der *Roquefort* wird oft für provenzalische Saucen, zu Nudeln und winterlichen Salaten verwendet.

Einkaufen in Nizza

Schwarze Oliven und Olivenöl kauft man bei ALZIARI; Clementinenkonfitüre, Kirschen in Schnaps und glasierte Ananas bei AUER; frische Ravioli in der MAISON QUIRINO; *Trulles* (ein dunkler Mangoldpudding) im AU JAMBON DE YORK; heiße *Socca* (von THERESA), frische Kräuter und Blumen vom Markt am Samstag auf dem Cours Saleya; schließlich und endlich sollte man auch an eine Flasche *Bellet* denken, einen seltenen Wein aus der Gegend, zum Beispiel einen *Château-de-Bellet 1982*.

BOULLABAISSE UND CALISSON

Marseille ist dem von seinen Bewohnern bevorzugten Muscheltier, dem Seeigel, nicht unähnlich: ein wenig einnehmendes Äußeres, das den kräftigen, berauschenden Geschmack des Meeres in sich birgt. Marseille ist keine Stadt für Touristen, aber vielleicht, was ein feiner Unterschied ist, eine Stadt für Reisende. Zweifellos ist sie die älteste Stadt Frankreichs, aber dennoch gibt es nur wenige antike Monumente, wenige Sehenswürdigkeiten für solche, die auf Ruinen versessen sind. Mehr als an jedem anderen Ort zahlt es sich hier aus, ein wenig mit dem Provenzalischen vertraut zu sein. Ohne etwas von dieser Sprache zu verstehen, erscheint das turbulente Straßenleben eher beunruhigend als unterhaltend: die derben Scherze der Fischhändlerinnen auf dem Quai des Belges wirken eher grausam als komisch, und der Unterschied zweier identischer Bistros am alten Hafen, die beide beanspruchen, »*La vraie bouillabaisse*« zu servieren, wird erst deutlich, wenn es schon zu spät ist. Nur ein paar Worte reichen aus, um von jedem Marseiller – egal, ob Taxichauffeur oder Journalist – die drei besten Adressen der Stadt für die berühmte Fischsuppe zu erfahren. Natürlich besitzt keines dieser Lokale einen Michelinstern – wen wundert's? Trotz der eleganten Boutiquen in der Rue de Rome und den teuren Antiquitätenläden an der Place Thiars bleiben die wahre Seele von Marseille die Arbeiter.

Von Aix-en-Provence, einer der elegantesten, aristokratischsten kleinen Städte Frankreichs läßt sich das nicht sagen. Obschon wirtschaftlich ganz eng mit Marseille verbunden, zeigt sie in kultureller Hinsicht ein völlig entgegengesetzes Bild: Man vergleiche nur den Cours Mirabeau in Aix, einen breiten, von Bäumen gesäumten Boulevard, die sogenannte schönste Hauptstraße der Welt mit Buchläden, Terrassencafés und Hotels aus dem 18. Jahrhundert, mit seinem Gegenstück in Marseille, der Canebière mit ihren billigen Läden und Cafeterien, eine einfache Straße, die das düstere Araberviertel im Westen mit dem Marktviertel im Osten verbindet.

Aix-en-Provence ist eine Stadt der Brunnen. Das plätschernde Geräusch des Wassers ist überall in der Altstadt zu hören, wo ein Labyrinth gepflegter Straßen, die von Boutiquen gesäumt werden, auf gepflasterte Plätze mit wasserspeienden Delphinen münden. Der *Vieux Port* von Marseille war früher auch ein Labyrinth von Straßen, das so voll von Zuhältern und Prostituierten, Résistancekämpfern und Taschendieben, Legionären und Seeleuten war, daß die Deutschen 1943 – unter dem Vorwand, dieses Viertel sei eine Gefahr für die Gesundheit der Bevökerung – seine 40 000 Einwohner verjagten und das Viertel dem Erdboden gleichmachten. Aber nördlich der Rue Caisserie hat ein Teil der alten Stadt überlebt, der in zärtlicher Anhänglichkeit *Panier* (Brotkorb) genannt wird. Die Häuser sind durch Wäscheleinen miteinander verbunden, und in den Straßen mit ihren ärmlich und nachlässig gekleideten Kindern und den laut plappernden Frauen führen fast unkenntliche Eingänge zu kleinen Restaurants, in denen diejenigen, die gelegentlich auch einmal das Risiko eines kleineren Reinfalls eingehen, normalerweise für sehr wenig Geld gut essen können.

In Aix-en-Provence gut zu essen, ist nicht so einfach, wie man annehmen sollte. Aber die Pâtisserien sind wirklich wunderbar und die Cafés die eigentliche Seele der Stadt. Setzen Sie sich auf die Terrasse des berühmten Cafés DEUX GARÇONS, dessen elegantes Empireambiente schon ein wenig verblaßt ist, und beobachten Sie den Aufmarsch der Studenten, der Richter, der Damen, deren Frisuren denen ihrer Pudel erstaunlich ähnlich sind, und im Juli der Besucher des alljährlichen Musikfestivals. »Wir gehen niemals ins DEUX GARÇONS«, sagt ein Besucher eines anderen Cafés, »dort sind nur die Snobs, die *Le Monde* unterm Arm tragen.«

Die berühmteste Bar Marseilles dagegen ist eine literarische Fiktion. In den 30er Jahren wurde MARCEL PAGNOL wegen seiner drei Theaterstücke (die später auch verfilmt wurden) *Marius*, *Fanny* und *César* zum Nationalhelden. Sie zeichnen dreißig Jahre des Lebens Césars, des Besitzers einer Bar am Vieux Port, und seiner manchmal etwas stürmischen Familie und Freunde nach. »Niemals werde ich meine Bar verlassen«, sagt César, »ich möchte beim Mixen eines Picon-Citron sterben, und wenn es erlaubt wäre, am liebsten unter der Theke begraben sein.«

Dieser Stolz Césars läßt sich vielleicht damit begründen, daß die Bars von Marseille ursprünglich Treffpunkte für Menschen waren, die vorübergehend kein Dach über dem Kopf hatten. Schon im Mittelalter gab es einen regen Handelsverkehr zwischen Marseille und Italien. Die italienischen Seeleute und Fischer, die auf das nächste Schiff warteten, mieteten winzige Zimmer in den Hafengassen. Aber sie lebten in den Kneipen, den sogenannten *Cantines*, im Erdgeschoß dieser Häuser. Dort konnten sie für wenige Francs gute Wurst und guten Käse essen, trinken, schwätzen und sich prügeln, bis es Zeit war, schlafen zu gehen. Und wenn diese Männer aus Pisa, Genua oder Neapel eines Tages das Gefühl bekamen, daß die größten Fische in der Nähe von Marseille zu fangen seien, oder wenn ihr Schiff zu spät abfuhr, heirateten sie flugs ein Mädchen aus der Gegend und machten die Stadt zu ihrer neuen Heimat.

Die Einwanderung von Männern und Frauen aus Italien nahm unter Napoleon III. stetig zu, bis eines Tages selbst die Hälfte aller Studenten italienischen Ursprungs war. Das Kaiserreich brauchte Arbeiter, und Marseille erlebte seinen größten wirtschaftlichen Aufschwung. Genueser Frauen waren besonders geschätzt, weil sie große Fisch- und Gemüselasten in Körben auf ihren Köpfen tragen konnten, während die Frauen aus Neapel winzige Läden eröffneten, um dort die wichtigsten Lebensmittel zu verkaufen und einfache Gerichte zu servieren. Die guten Köche wurden im alten Hafenviertel schnell berühmt, und ihre Enkelinnen sind heute noch stolz auf ihre italienische Abstammung. Manche Restaurants in Marseille servieren neapolitanische Gerichte, die authentischer sind als die in Neapel selbst. »Aber unsere Familien sehnen sich nicht nach Italien zurück, Marseille ist jetzt unsere Heimat«, sagte Anne Sportiello, eine Franco-Italienerin der fünften Generation, die Konservatorin am Museum der Altstadt ist. »Die Italiener konnten sich hier problemlos integrieren, denn unsere Stadt erinnerte sie an ihre Dörfer: Sie hatten es nicht weit zu ihren Fischerbooten, an allen Straßenecken gab es kleine Läden, und für die Kinder fehlte es nicht an sonnigen Plätzen. Sogar das Essen war ähnlich: eine einfache und schmackhafte Küche auf der Basis von Getreide, Fisch, Gemüsen und Kräutern.«

Obwohl man nur 20 Minuten braucht, um von Aix-en-Provence nach Marseille zu kommen, haben diese beiden Städte nur wenige Berührungspunkte. Die Besucher von Aix werden immer und überall an die ruhmreiche Vergangenheit der Stadt erinnert: an den römischen Badeort seit 123 v. Chr., an die Hauptstadt der Provence vom 12. bis ins 18. Jahrhundert und an die angesehene Universitätsstadt und das berühmte Zentrum der Künste von heute. Und Marseille? Zwei Anekdoten mögen die Eigenwilligkeit der Bewohner dieser alten Stadt verdeutlichen. Eines Tages hatte ein alter Marseiller aus dem *Panier*, ein leidenschaftlicher *Pétanque*-spieler, es satt, immer wieder geduldig auf das Abflauen des Mistral warten zu müssen. Er bedeckte den Boden seines Wohnraumes mit Sand und konnte von da an, vom lästigen Wind unbehelligt, soviel und solange *Boule* spielen, wie er wollte. Ein anderer Mann (vielleicht war er Nachbar des *Pétanque*spielers) schmuggelte während einer Hungersnot ein Kalb in sein Haus ein, damit er und seine Familie zuzeiten wenigstens mit Milch versorgt wären. Aber das Tier wuchs allmählich zu einer so stattlichen Kuh heran, daß es nicht mehr ins Haus paßte, geschweige denn über die Treppe wieder herauszubringen war. Doch das erschütterte den Mann wenig. Er schlachtete die Kuh, bereitete eine köstliche *Daube* zu und eröffnete ein Restaurant, das noch heute existiert – so erzählt man sich zumindest die Geschichte im Vieux Port.

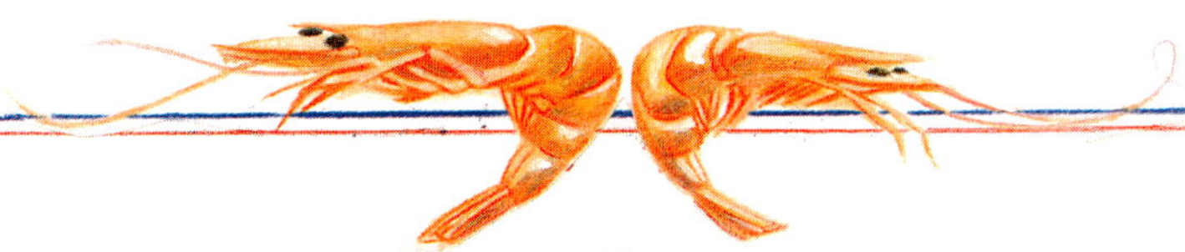

· Marseille ·

». . . wenn Sie Lust haben, gehen wir heute Abend zu HENRI *Fisch essen. Das ist ein kleines Bistrot am Hafen, wo man die Bouillabaisse nach seinem Geheimrezept kocht. Henri macht ein großes Wesen um dieses Geheimnis, aber alle kennen es schon: Er gibt nämlich der Bouillon mit einer Creme aus Seeigelfleisch dieses ganz besondere Aroma. . . . Sie werden sehen, seine Bouillabaisse ist einfach köstlich . . .«* (Aus CÉSAR von MARCEL PAGNOL)

Die Bouillabaisse war ursprünglich die Suppe der armen Fischer. Man warf alles an Fischzeug hinein, das zu klein, zu stachlig oder zu häßlich anzuschauen war. Es wurde in Wasser und Olivenöl gekocht und dann mit großem Appetit mit den Fingern und mit Brot gegessen. Dieses Fischragout mit den typischen Marseiller Zutaten Knoblauch, Fenchel, Tomaten und der scharfen Paprikasauce, der sogenannten *Rouille*, wurde bald unter dem Namen Bouillabaisse bekannt. Im Provenzalischen heißt sie *Bouiabaisso*, was einfach bedeutet, daß man die Flamme kleiner dreht *(abaisso)*, sobald die Suppe kocht *(boui)*. Mit anderen Worten, die Suppe muß zuerst bei großer Hitze kochen, damit sich Olivenöl und Wasser gut miteinander verbinden, aber sie darf nicht zu lange kochen, damit der Fisch nicht zu weich wird.

Marseille ist eine alte Stadt, in der jedes kleine Fischrestaurant, das mehr als einen Tisch hat, vorgibt, die authentische Bouillabaisse zu servieren. Das echte Rezept wurde aber im Laufe der Zeit so verfälscht, daß sich schließlich eine Gruppe von Fischern, Restaurantbesitzern und Journalisten zusammensetzte, um ein- für allemal die wesentlichen Zutaten dieses Gerichts aufzuschreiben und dies als das authentische Rezept veröffentlichten. Von allen Restaurants und Cafés in Marseille halten sich bis heute jedoch nur 13 an die relativ einfachen Angaben dieses Originalrezepts. Wie könnte es auch anders sein! Jeder, Claude, Marc oder Henri, kann eine wässrige, geschmacklose Brühe über etwas Seetang gießen und behaupten, dies sei nun *»La vrai bouillabaisse«*. Um wirklich ›die Echte‹ zuzubereiten aber braucht man viel Zeit. Wenn Sie nicht am Mittelmeer leben, dann wird es Ihnen sowieso nicht gelingen. Aber dennoch dürfte es nicht uninteressant sein, das authentische Rezept zu lesen.

Charte de la Bouillabaisse Marseillaise: Es ist unmöglich, ein Rezept, dessen Erfolg schon immer vom Talent des Küchenchefs abhängig gewesen ist, auf eine einzige Formel zu reduzieren. Dennoch sind einige Zutaten unerläßlich für die Bouillabaisse, wenn man die Geschichte dieses Rezepts respektiert und arglose Gäste nicht an der Nase herumführen will.

Anrichten der Bouillabaisse: Im allgemeinen serviert man den Fisch und die Brühe getrennt. Man kann beides auch getrennt essen, aber niemals darf der Fisch zerteilt werden, bevor er auf den Tisch kommt. Traditionsgemäß werden eine *Rouille* oder ein *Aïoli* und etwas Toastbrot, das vorher mit Knoblauch eingerieben wurde, dazu gereicht.

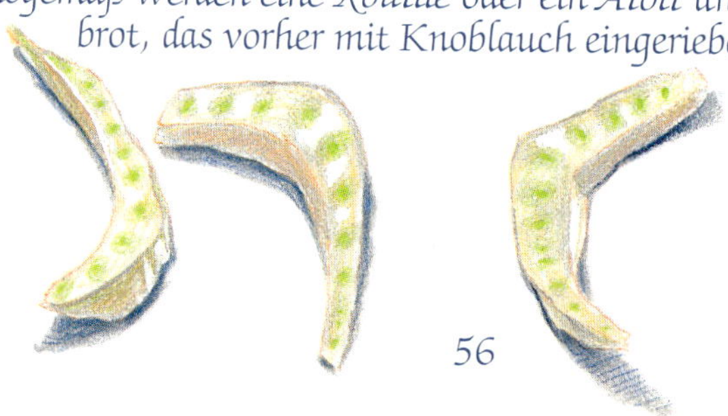

Zutaten: Der charakteristische Geschmack der Marseiller Bouillabaisse ergibt sich aus der großen Vielfalt der Mittelmeerfische, vor allem des fremdartigen Drachenkopfs (*Rascasse*). Ihr Aroma begründet den Ruhm dieses Gerichts; ohne sie wäre die Bouillabaisse nichts als eine einfache Fischsuppe.

Mindestens vier der im folgenden aufgezählten Fische, die fangfrisch sein müssen, sind unerläßlich: *Rascasse* (Drachenkopf), *Rascasse blanche* (weißer Drachenkopf), *Vive/Araignée* (Petermännchen/Meerspinne); *Galinette/Grondin Saint-Pierre* (Grauer Knurrhahn/St. Petersfisch); *Baudroie/Lotte* (Krötenfisch/Seeteufel); *Congre* (Seeaal); *Scorpène/Rascasse rouge* (roter Drachenkopf).

Nach Wunsch: *Cigale de Mer* (flacher Hummer); Languste.

Andere Zutaten: Salz, Pfeffer, Safran, Olivenöl, Knoblauch, Zwiebeln, Fenchel, Petersilie, Kartoffeln, Tomaten. Absolut notwendig für die Bouillon: *Poissons de Roche* (kleiner Drachenkopf).

LA BOUILLABAISSE MARSEILLAISE

Für 6 Personen

4 kg Fisch (je nach Marktangebot) z. B.:
1,5 kg Rascasse, 1 kg Grondin Saint-Pierre, 6 Scheiben Congre,
3 Galinettes, 4 Vives, 6 Scheiben Baudroie
1 kg Poissons de Roche
Olivenöl, Zwiebeln, Knoblauch, Tomaten, Fenchel, Petersilie, Salz, Pfeffer, Kartoffeln, Safran.

Zwiebeln, Knoblauch und Tomaten im Olivenöl weichdünsten. Die Poissons de Roche waschen, abschuppen und hinzufügen. Unter ständigem Umrühren 15 Minuten lang kochen, bis die Masse eine dicke, pastenähnliche Konsistenz hat. Etwas kochendes Wasser dazugeben und mindestens 1 Stunde lang kochen lassen. Anschließend Fenchel und Petersilie zufügen, mit Salz und Pfeffer würzen und alles zusammen zu einem Püree einkochen lassen. Durch ein Sieb passieren und gut ausdrücken, damit der ganze Jus herausläuft. Diesen wieder aufs Feuer stellen, die in dicke Scheiben geschnittenen Kartoffeln (2 Stück pro Person) und die Fische in der folgenden Reihenfolge nach Größe und Festigkeit dazugeben: Rascasse, Saint-Pierre, Congre, Baudroie. 20 Minuten lang kochen lassen. 5 Minuten vor dem Servieren Galinettes und Araignées zufügen. Wenn sie fertig sind, den Fisch und die Kartoffeln aus der Brühe nehmen, mit Salz, Pfeffer und Safran würzen und sofort servieren.

LA ROUILLE

Das verbreitetste Rezept für diese Sauce besteht allein darin, scharfe Paprikaschoten und 1 Messerspitze Safran in ein Aïoli (Seite 12) zu geben. Man kann aber auch das Aïoli durch ein Kartoffelpüree ersetzen.

Miramar

Wenn auch der älteste Fischmarkt von Marseille am Quai de Rive Neuve heute ein Theater ist (er war einfach zu klein geworden), kommen die Fischhändler weiterhin sogar von der italienischen Küste in die alte Hafenstadt, um auf der neuen *Criée* in Saumaty auf der Route de l'Estaque einzukaufen. Sie müssen sehr früh aufstehen, um JEAN-MICHEL MINGUELLA, dem Chef des MIRAMAR zuvorzukommen. Er ist jeden Morgen hier, bevor er zum Vieux Port zurückkehrt, um zwischen den zwanzig aus Holz gezimmerten Fischständen auf dem Quai des Belges vor dem MIRAMAR seinen täglichen Rundgang zu machen. Die Stände sind hier mit den Namen der verschiedenen Fischerboote bemalt, und die Fische sind zwar teurer, aber dafür auch frischer. Sie kommen aus den Fischernetzen direkt in Jean-Michels Töpfe. Er achtet die *Charte de la Bouillabaisse*, und sein Restaurant gehörte schon immer zu den besten von Marseille. Der Fisch wird über Seetang in Dampf gegart oder in einer goldfarbenen Salzkruste im Ofen gebacken; ein ganzer *Loup de mer* (Seebarsch) wird über Fenchel flambiert, und kleine, aus Rotbarben zubereitete pochierte Klöße werden mit einem frischen Seeigelpüree serviert. Jean-Michel führt das Restaurant gemeinsam mit seinem Bruder Pierre – der eine ist zuständig für die Küche, der andere kümmert sich um das Lokal und um die Gäste. Beide sind Experten in der Gastronomie.

FILET de PAGRE GRILLÉ au BEURRE de PISSALA ou à la POUTARGUE et POULPES d'OLIVES NOIRES

Gegrilltes Seebrassenfilet mit Pissala oder Poutargue und Olivenpüree

PIERRE MINGUELLA sagt, daß der *Pagre* ein Bastard zwischen dem *Pageot rouge* und der *Sargue* (Seebrasse) sei. Mag er damit auch nicht ganz Unrecht haben, so gehört dieser Fisch doch eher zu der hochgeschätzten Familie der Seebrassen (dem einzigen Mittelmeerfisch, den man auch an der Westküste des Atlantik finden kann). Sein festes Fleisch ist köstlich, wenn man es im Ofen backt oder, wie bei dem folgenden Rezept, mit salzigen Anchovis grillt. Man kann den *Pagre* auch durch eine *Daurade* (Goldbrasse), seine berühmtere Verwandte, ersetzen (oder durch jeden Salzwasserfisch mit festem Fleisch), und das Ergebnis wird genauso gut sein.

Für 4 Personen

4 Fische, jeweils 400 g schwer, oder 2 Fische von jeweils 800 g, filetiert
1 Tl Fenchelsamen
Olivenöl
Salz und schwarzer Pfeffer
200 g Butter
3 El Pissala, Poutargue (s. S. 60) oder einfach Anchovispaste aus der Tube
200 g schwarze Oliven (vorzugsweise die kleinen Nizzaer Oliven), entsteint und zerdrückt
Frischer Kerbel zum Garnieren

Den Ofen auf 220°/Gas Stufe 7 vorheizen. Die Filets mit Fenchelsamen bestreuen und kurz bei großer Hitze auf beiden Seiten grillen. Auf ein gefettetes Backblech legen, mit Öl bestreichen und mit schwarzem Pfeffer würzen. 4 bis 5 Minuten lang im heißen Ofen backen. Inzwischen die Anchovisbutter zubereiten: Butter und Anchovispaste miteinander verkneten, bis die Butter ganz glatt ist. 50 ml Wasser zum Kochen bringen und die Butter dazufügen. Die Butter so lange umrühren, bis sie ganz geschmolzen ist. Die zerdrückten Oliven in ein wenig Olivenöl soweit erhitzen, daß eine cremige Paste entsteht. Kurz vor dem Servieren die Filets mit der Hautseite nach unten auf die Teller legen. Jedes Filet mit etwas Anchovisbutter übergießen und jeweils einen Löffel Olivenpüree daneben anrichten. Die Teller mit etwas frischem Kerbel garnieren.

PETITS BOUDINS de ROUGET au BEURRE de CERFEUIL

Kleine Rotbarbenwürste in Kerbelbutter

Die Rotbarben werden in der Provence als das Wild des Meeres bezeichnet, weil sie wie die kleinen Wildvögel oft mit ihren Innereien gegrillt werden. Bei dem folgenden Rezept bildet ihre silbrige Haut die Hülle für eine Merlanmousse.

Für 4 Personen

6 Rougets, gesäubert und abgeschuppt, mit ihren Lebern, aber ohne Köpfe, Schwänze und Kiemen
75 g Merlan (Weißfisch)
1 kleine Scheibe Brot ohne Kruste, in 150 ml Crème fraîche eingeweicht
1 Eiweiß, geschlagen
Salz und Pfeffer
200 g Butter
1 Bund frischer Kerbel, gehackt

COURT-BOUILLON

1,5 l kaltes Wasser
1 Karotte, in Scheiben geschnitten
1 Zwiebel, in Scheiben geschnitten
2 Knoblauchzehen
2 El Cognac

Die Rotbarben filetieren, bei 8 Filets die Haut nicht entfernen. Für die Farce den Merlan, die Lebern der Rotbarben und die hautlosen Filets pürieren. Das eingeweichte Brot hineinrühren, und, wenn die Mischung glatt ist, das geschlagene Eiweiß und die Crème fraîche unterziehen. Großzügig mit Salz und Pfeffer würzen. 4 Stückchen Stoff (Musselin) von 20 cm im Quadrat zuschneiden, und auf jedes Stoffstück ein Rotbarbenfilet legen, mit der Hautseite nach unten. Die Farce auf die 4 Filets verteilen. Die restlichen 4 Filets mit der Hautseite nach oben darauflegen, alles in die Stoffstücke einwickeln und jeweils zu einer Art Wurst formen. Die Enden mit Küchengarn fest zusammenbinden. Das Wasser für die Court-Bouillon mit allen Zutaten zum Kochen bringen, die Hitze reduzieren und den Fisch 15 Minuten lang darin pochieren. Währenddessen die Butter zergehen lassen und den Kerbel darin erhitzen. Wenn der Fisch gar ist, den Stoff vorsichtig entfernen und die *Boudins* mit einem Löffel Kerbelbutter servieren.

POUTARGUE und PISSALA

Poutargue besteht aus dem Rogen der Rotbarbe, der in Meerwasser gewaschen, anschließend gesalzen, getrocknet, 1 bis 2 Tage lang unter einem Gewicht zusammengepreßt wird und dann noch einmal abgespült und wieder getrocknet wird. Poutargue ist der Kaviar der kleinen Leute.

Pissala ist eine sehr salzige Paste, aus kleinen Sardinen und Anchovis, die in einer Salzlake eingelegt waren.

La Bagatelle

André Boretti, Gastronomiekritiker der Zeitschrift Le Provençal, Lehrer, Experte für Lokalgeschichte und Geschichtenerzähler, ist ein Mensch, der in ein Theaterstück von Pagnol passen würde. Mit einer gewissen Skepsis, leicht amüsiert, hört er sich die übertrieben enthusiastischen Kommentare der Fremden über Marseille an. Aber trotzdem liebt er – wenn auch mitunter etwas widerwillig – seine Geburtsstadt und die Menschen, die in ihr leben. Und dieses Gefühl beruht auf Gegenseitigkeit: Kommt er am Muschelstand vorbei, dann öffnet ihm der Händler schnell einen frischen Seeigel und gibt ihn ihm mit auf den Weg, und schlendert er durch die Straßen, dann winken ihm die Restaurant- und Bistrobesitzer aller Nationalitäten zu oder grüßen ihn mit einem freundlichen Lächeln. André übt scharfe Kritik an den meisten Restaurants von Marseille. »Heute wollen sie viel Geld für fast nichts auf dem Teller. Und fast alle *mangent la grenouille* (so sagt man in Marseille, wenn etwas schlecht gemacht wird). Aber sei's drum!« Dem jungen Chef des Restaurants mit dem bescheidenen Namen La Bagatelle, Pierre Bagatta, bringt er dagegen uneingeschränkte Bewunderung entgegen.

BLANC-MANGER de CASTELGRAMBOIS

Seeteufelmousse mit Mandeln

Die Küche von Pierre Bagatta reicht von der klassischen *Brandade de morue provençale* bis hin zu seinem einfallsreichen und einfach köstlichen eisgekühlten Artischockensoufflé mit einer Sauce aus geräuchertem Stockfisch. André Boretti hat ihm geholfen, für ein besonderes Abendessen ein Menü mit Rezepten aus dem 14. und 15. Jahrhundert zu kreieren, die dem Buch Le Viandier de Taillevent des berühmten Küchenchefs Taillevent aus dem 14. Jahrhundert entnommen sind und dem auch die folgende Kostprobe entstammt.

Für 4 Personen

1 kg Lotte (Seeteufel) oder 2 recht große Brèmes (Brassen) oder ein gleichwertiger Salzwasserfisch, gesäubert, enthäutet oder abgeschuppt
ein wenig Butter
1 Weinglas Sherry, Noilly Blanc oder trockener Weißwein
3–4 kleine Zwiebeln, geschält
½ Lorbeerblatt
1 Dillzweig oder Fenchelsamen
Saft von 1 Limone
½ Tl gemahlener Ingwer
1 Tl Zucker
125 g gemahlene Mandeln
1–2 El Crème fraîche oder Crème double
ein paar geröstete Mandeln zum Garnieren

Wenn Sie statt eines Salzwasserfisches einen Süßwasserfisch verwenden wollen, dann ersetzen Sie den Fenchel durch ein paar Thymianzweige oder einige zerdrückte Kardamomsamen.

I.: Den Ofen auf 180°/Gas Stufe 4 vorheizen. Den Fisch schnell unter kaltem Wasser waschen und gut mit einem Küchentuch abtrocknen. Eine Backform ausbuttern und den Fisch hineinlegen. Butterflöckchen darauf verteilen. Sherry, Zwiebeln, Lorbeerblatt und Dill dazugeben. Den Fisch ungefähr 25–30 Minuten backen, bis er zart ist. Anschließend aus der

Backform nehmen, die Gräten entfernen. Den entstandenen Jus aufbewahren.

II. Limonensaft, Ingwer, Zucker und Mandeln mit dem Jus, dem Fisch und den Zwiebeln gut vermischen. Die Crème fraîche hinzufügen und gut umrühren. Die fertige Mischung in eine leicht ausgebutterte feuerfeste Terrine geben und mit Aluminiumfolie bedecken. Im Ofen im Wasserbad 10 bis 15 Minuten lang kochen lassen. Vor dem Servieren mit einem Messer am Rand der Terrine entlangfahren und die Mousse auf eine Platte stürzen. Mit gerösteten Mandeln garnieren.

LOUP à la VAPEUR d'ALGUES MARINES

Seebarsch über Meeresalgen gedünstet

Wenn es etwas gibt, das die Marseiller meisterhaft beherrschen, dann ist es die einfache Art der Fischzubereitung, bei der der Eigengeschmack besonders hervorgehoben und das sonst übliche »Tra-la-la«, wie es André Boretti nennt, möglichst auf ein Minimum reduziert wird. Das bekannteste provenzalische Fischrezept ist der über Fenchelzweigen gegrillte *Loup de mer* (Seebarsch), der in letzter Minute noch flambiert wird. Das folgende Rezept, bei dem der Fisch im Grunde genommen durch ein Dampfbad aus Meeresalgen direkt auf Ihren Teller schwimmt, ist genauso gut wie das oben erwähnte, vorausgesetzt es wird ganz frischer Fisch verwendet.

Für 2 bis 4 Personen

1 Loup de mer (Seebarsch) von 350 bis 450 g Gewicht, gesäubert und abgeschuppt, aber mit Kopf und Schwanz
grobes Meersalz und schwarzer Pfeffer
1 großes Glas trockener Weißwein
Olivenöl
2 El Crème fraîche
sorgfältig gewaschene Meeresalgen für ein dickes Bett für den Fisch
1 großer Dampfdrucktopf, in dem der Fisch Platz hat

Wenn Sie keinen Dampfdrucktopf besitzen, dann genügt auch ein einfacher Fischkochtopf, den Sie mit einer dicken Schicht von Meeresalgen auslegen. In diesem Fall wird nicht viel Wasser benötigt. Sie können auch einen Wok benutzen, den Sie am Boden mit Fenchelzweigen auslegen, um Algen und Fisch nicht direkt mit dem Wasser in Berührung kommen zu lassen.
Den Fisch dreimal diagonal einschneiden und innen und außen mit Meersalz einreiben. Den Einsatz des Dampfdrucktopfs dick mit Meeresalgen auslegen, den Fisch darauflegen. Kochendes Wasser in den Topf schütten (ungefähr 1,5 cm hoch), den Wein dazugießen und den Fisch auf seinem Algenbett hineinsetzen. Mit Olivenöl beträufeln, den Topf gut verschließen und je nach Dicke des Fisches ungefähr 15 bis 20 Minuten lang garen. Zum Servieren den Fisch auf eine Platte legen, und die Algen darum herum garnieren. Den beim Kochen entstandenen Jus wieder erhitzen, auf die Menge einer Tasse einkochen lassen, die Sahne hinzufügen und mit Salz und Pfeffer abschmecken. Etwas von dieser Sauce über den Fisch gießen und den Rest getrennt servieren.

Wie läßt sich feststellen, ob ein Fisch frisch ist?

Die Augen müssen glänzend, gewölbt und nicht eingesunken sein. Wenn Sie den Fisch mit den Fingerspitzen berühren und sich die Haut glitschig, vielleicht sogar etwas klebrig anfühlt, dann wurde der Fisch auf jeden Fall innerhalb der letzten 24 Stunden gefangen.

DAURADE au GROS SEL
Goldbrasse in Salzkruste

Die goldfarbene Salzkruste in der Form des Fisches ist nicht nur dekorativ. Das Salz hat die gleiche Wirkung wie Ton. Es verschließt den Saft und das Aroma des Fisches im Innern und reduziert die Backzeit.

Für 4 Personen

1 kg Daurade (Goldbrasse),
gesäubert und abgeschuppt,
aber mit Kopf und Schwanz
Meersalz
Mehl
lauwarmes Wasser

Den Ofen auf 230°/Gas Stufe 8 vorheizen. Für die Salzkruste zu jeweils 250 g Salz, 3 El Mehl und 60 ml lauwarmes Wasser geben. Für 1 kg Fisch braucht man 1 kg Salz.
Den Fisch in eine ovale Backform legen und ungefähr 12 mm dick mit der Salzmischung bedecken. Mit dem Rand eines Löffels Augen, Schwanz, Kiemen und Schuppen in die Kruste einzeichnen. 20 Minuten lang backen lassen. Direkt in der Backform servieren. Die Kruste, die im Ofen fest und goldbraun geworden ist, soll erst in letzter Minute aufgeschlagen werden.

Im Verlauf des letzten Jahrhunderts, nachdem bereits Napoleon seine Geburtsinsel verlassen hatte, um sich in Frankreich niederzulassen, was ihm erfolgversprechender erschien, wurde Marseille sozusagen die zweite Hauptstadt Korsikas. MADAME ROLANDE SÉGALA lebt schon seit langem in Marseille, aber sie backt immer noch den wunderbaren korsischen Käsekuchen, wie sie es von ihrer Mutter und ihrer Großmutter gelernt hat. Dieser Kuchen ist die gehaltvollere bürgerliche Version der *Fiadonetti*, der kleinen Törtchen, die von korsischen Bauersfrauen gebacken und mit der gleichen Käsepaste bestrichen werden. Man kann den *Brousse* durch *Ricotta* ersetzen, aber dann wird der Kuchen nicht mehr so intensiv nach Käse schmecken.

FIADONE (GÂTEAU à la BROUSSE)

Korsischer Käsekuchen mit Karamelsauce

Brousse (oder sein korsisches Äquivalent, *Broccio*) wird aus gekochter Ziegen- oder Schafsmilch zubereitet, der man kräftigen Weißweinessig zufügt, der die Milch sofort gerinnen läßt. Die Brousseverkäufer kamen gewöhnlich aus der kleinen Stadt Rove nach Marseille. In großen flachen Körben aus Weidengeflecht, die sie an den Hals gehängt trugen, hatten sie ihre Frischkäse gestapelt. Ihr Ruf *»Brousse, Brousse de Rove«* und das Tuten ihrer Trompeten konnte man überall in Marseille hören. Manche Feinschmecker am Vieux Port liebten diesen köstlichen Käse so sehr, daß sich jeder einen *Brousse* vor dem Abendessen beiseite tat, weil er fürchtete, zum Nachtisch könnte keiner mehr übrig sein. Nur wenige Broussehändler verkaufen noch den echten Schafskäse auf den Märkten in Marseille, denn heute wird er, außer auf Korsika, gewöhnlich aus Kuhmilch hergestellt und in Plastikkörben verkauft.

KARAMELSAUCE

75 g Puderzucker
100 ml Wasser

KÄSEKUCHEN

100 g Puderzucker
75 ml Milch
350 g Brousse (ersatzweise Ricotta oder ein ähnlicher trockener, weicher, quarkartiger Käse)
Schale von 1 Zitrone, abgerieben
6 Eier

Den Ofen auf 100°/Gas Stufe 3 vorheizen. In einer Kuchenform von ungefähr 18 × 7,5 cm den Zucker karamelisieren lassen, indem man ihn mit Wasser bei mittlerer Hitze aufkocht. Wenn der Sirup zu kochen beginnt, nicht mehr umrühren und so lange sanft köcheln lassen, bis er eine goldbraune Farbe angenommen hat. Dann erst die Kuchenform hin- und herdrehen, damit sie ringsherum, bis hinauf zu den Rändern mit dem Karamel bedeckt ist.

Für den Kuchen den Zucker in die Milch geben. Kurz vor dem Siedepunkt vom Feuer nehmen. Abkühlen lassen. Die Milch ganz langsam über den Käse schütten und gut umrühren. Die abgeriebene Zitronenschale dazugeben und anschließend die Eier, eines nach dem anderen, hineinschlagen. Die fertige Mischung in die karamelisierte Kuchenform gießen und diese wiederum in eine große Backform mit heißem Wasser stellen. (Das Wasser sollte etwa bis auf halbe Höhe der Kuchenform reichen.) Den Kuchen ungefähr 1 Stunde lang backen lassen und anschließend auf eine Platte stürzen. Wenn die Karamelsauce beim Stürzen nicht zusammen mit dem Kuchen herauskommt, muß 1 El Wasser in der Kuchenform erhitzt werden, bis der restliche Karamel schmilzt. Ihn gießt man dann über den Kuchen und serviert diesen mit einem eisgekühlten Beaume-de-Venise oder einem korsischen Muscat.

Limaçons

Die Limaçons, Schnekken, die nicht größer als ein Daumennagel sind, findet man am wilden Fenchel, der am Straßenrand wächst. Sie sind, wie alle Schnecken, mühsam zuzubereiten. Zunächst werden sie 10 bis 12 Tage lang mit Fenchel und Mehl gefüttert, um sie zu reinigen, dann unter fließendem Wasser gewaschen, bis sie keinen Schleim mehr absondern, und anschließend in einem Sud aus Fenchel, Orange und Knoblauch 3–4 Stunden lang gekocht. Wenn Sie meinen, daß sich diese mühselige Arbeit, die sich noch dazu über einen so langen Zeitraum erstreckt, im Hinblick auf das Endergebnis nicht lohnt, dann gehen Sie zu GISELLE auf dem Markt an der Avenue du Prado. Sie verkauft Ihnen ihre Spezialität, eine Portion Schnecken, direkt aus dem Topf, in dem sie gekocht wurden, so wie es ihre Vorgänger in der ganzen Provence seit jeher getan haben.

MOUSSE aux POIREAUX

Lauchmousse

In der Provence wird zum Fisch oft ein *Aïoli* oder eine heiße Sauce wie die *Rouille* gereicht. Beide passen gut zur *Morue salée* (einem in Salzlake eingelegten Stockfisch) oder einer kräftigen Fischsuppe, aber sie können den feinen Geschmack eines *Rouget* (Rotbarbe) oder einer gegrillten *Daurade* (Goldbrasse) zerstören. Im FAUCIGNY, einem der besten und ältesten Restaurants von Marseille, serviert man zu wunderbar gegrillten Rougets eine Schale mit Crème fraîche, vermengt mit Salz, Pfeffer und püriertem Lauch.

Chez Etienne

Wenn Sie die etwas unsichere überdachte Treppe hinaufsteigen, die von der Rue de la République zur Altstadt von Marseille führt, entdecken Sie gleich auf der linken Seite eine Tür mit der Aufschrift PIZZERIA. Dieses Lokal, das ETIENNE führt, ist inzwischen zu einer Art Institution geworden, und das nicht nur wegen seiner Pizza, sondern auch aufgrund seiner Auberginen in Tomaten, Käse und Knoblauch, wegen der kleinen, in Öl und Petersilie fritierten Tintenfischstückchen, und – was eigentlich das Köstlichste ist – wegen des zarten Lamms, das auf ganze Rosmarinzweige aufgespießt und gebraten wird. Diese Methode, das Fleisch von innen zu würzen, verleiht ihm ein feines, unaufdringliches Aroma.

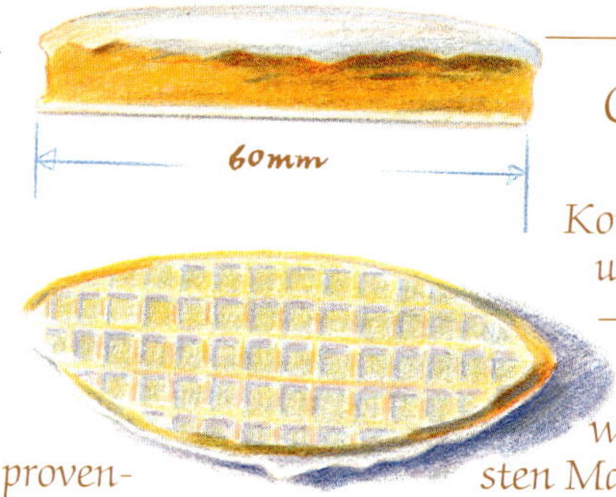

CALISSONS d'AIX

Konfekt aus Mandel- und Melonenpaste

Selbst wenn Sie Marzipan verabscheuen und sich ihr Magen umdreht, sobald Mandeln auch nur erwähnt werden, sollten Sie dennoch die *Calissons d'Aix-en-Provence* versuchen. Schon im 16. Jahrhundert pries der provenzalische Dichter CLAUDE BRUYES die wunderbaren Eigenschaften der Calissons von Aix, und Ende des 17. Jahrhunderts wurden sie am 1. September eines jeden Jahres an die Gläubigen verteilt, um der großen Pest von 1630 zu gedenken. Eigentlich ist der ganze Cours Mirabeau eine einzige Hommage an diese berühmte Süßigkeit aus einer Mandel- und Melonenpaste. Es gibt zumindest vier Confiserien, die darauf spezialisiert sind, und in den Buchhandlungen findet man Bücher, in deren Geschichten oft geschickt eine kleine ›Geschichte der Calissons von Aix-en-Provence‹ eingefügt ist. Wenn sonst nirgends, werden Sie spätestens in dem hübschen Geschäft À LA REINE JEANNE, 32, Cours Mirabeau, das nichts weiter als eine einzige große Pralinenschachtel ist, versucht sein, Ihre ersten Calissons zu kaufen. Sie werden sehen, die Aromen der frisch gemahlenen Mandeln und der kandierten Früchte, die sich wunderbar miteinander verbinden, sind einfach unwiderstehlich. Ebenso der Charme von Monique und ihrer Schwester (nicht zu vergessen der Bruder Joseph in der Küche), die in der fünften Generation der FAMILIE BICHERON die köstlichen Calissons herstellen.

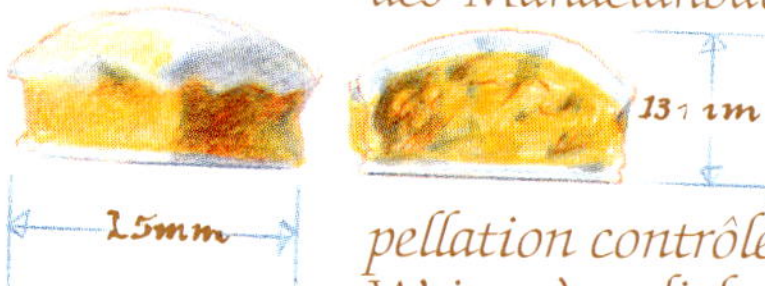

In der Provence wachsen die süßesten Mandeln Europas, und Aix ist unbestritten das Zentrum des Mandelanbaus. Seinen Calissons wurde wegen ihrer Qualität die Auszeichnung *Appellation contrôlée* (wie bei großen Weinen) verliehen. Zwischen 1830 und 1860 wurden sie in ganz Frankreich populär und die Pâtissiers von Aix weit über die Grenzen ihrer Provinz hinaus bekannt. Seither werden sie zu 40 % aus zerstoßenen und auf kleiner Flamme gerösteten weißen Mandeln und zu 60 % aus kandierten Melonen und Fruchtsirup hergestellt. Um diese verschiedenen Zutaten vermischen zu können, benötigt man besondere Maschinen. Aber das folgende Rezept, das dem Kochbuch LA CUISINIÈRE PROVENÇALE von J. B. REBOUL (1895) nachempfunden ist, eine Version für den Hausgebrauch, zeitigt doch auch ein recht beachtliches Ergebnis.

250 g Kristallzucker
300 g fein gemahlene Mandeln
2 El kandierte Melone, zerstampft
2–3 El Aprikosen- oder anderer Sirup
Backoblaten (Reispapier)

Für die Glasur

200 g Puderzucker
2 Eiweiß, geschlagen

Den Zucker und die Mandeln in einem Mörser fein zermahlen. Anschließend durch ein Sieb passieren und wieder in den Mörser zurückschütten. Die kandierte Melone und ausreichend Fruchtsirup dazugeben, damit eine glatte Paste entsteht. Die Mischung etwas flachdrücken, auf ein Blech legen und im Ofen bei sehr niedriger Temperatur trocknen lassen, bis sie eine feste Konsistenz angenommen hat. Auf dem Reispapier (Oblaten) ungefähr 6 mm dick ausrollen. Für die Glasur die Eiweiß und den Puderzucker mit einem Holzlöffel zu einer glatten, glänzenden Paste verrühren. Diese Mischung ganz dünn auf die Mandelpaste streichen. Wenn sich die Glasur gesetzt hat, die Calissons wie in der nebenstehenden Zeichnung (S. 66) zurechtschneiden: ungefähr 25 mm breite, längliche Ovale. Die Calissons noch einmal 10 bis 15 Minuten bei mäßiger Hitze im Ofen trocknen lassen.

CROISSANTS aux PIGNONS

Süße Hörnchen mit Pinienkernen

Diese festen, etwas feuchten Mandelhörnchen, die Nostradamus schon in einem Traktat aus dem Jahr 1552 erwähnt hat, sind in der ganzen Provence bekannt. Aber sie schmecken nirgendwo besser als in Aix.

250 g Kristallzucker
250 g fein gemahlene Mandeln
1 Tl gemahlene Anissamen
(oder Kümmel), nach Wunsch
3 Eiweiß
50–75 g Pinienkerne/Nüsse, geröstet

Den Ofen auf 170°/Gas Stufe 3 vorheizen. Zucker und Mandeln in einem Mörser zusammen zerstoßen und

anschließend durch ein Haarsieb geben. Den Anissamen und dann die flüssigen Eiweiß dazufügen. Alles gut durchkneten, bis ein fester, glatter Teig entstanden ist. Ungefähr 35 mm lange und 20 mm breite Halbmonde daraus formen und in den gerösteten Pinienkernen wälzen. Etwa 1 Stunde lang auf einem gebutterten und mit Mehl bestreuten Backblech backen, bis die Hörnchen trocken sind. In einer fest verschlossenen Plätzchendose halten sich diese wunderbaren Hörnchen monatelang.

Le clos de la Violette

In Aix gibt es gute Pâtisserien – sicherlich einige der besten von ganz Frankreich –, aber keine guten Restaurants mit regionaler Küche, was erstaunlich ist, wenn man die Geschichte der Stadt und ihre Bedeutung als politisches und künstlerisches Zentrum bedenkt. Von einer Ausnahme muß aber berichtet werden, dem Restaurant LE CLOS DE LA VIOLETTE. Es ist in einem alten, verwinkelten Haus untergebracht und befindet sich in einem der ruhigen, abgelegenen Viertel der Stadt, ganz in der Nähe von Cézannes ehemaligem Atelier. Der Inhaber und Küchenchef, JEAN MARC BANZO, verließ mit 15 Jahren seine Geburtsstadt Vaison-la-Romaine und arbeitete als Koch an den verschiedensten Orten der Provence. Er ließ sich von Rezepten inspirieren, die er in alten Kochbüchern entdeckte, und entwickelte im Laufe der Jahre seinen eigenen Stil, der der Eleganz von Aix selbst nicht nachsteht. Jean Marc achtet – wie jeder echte Provenzale – das frische Gemüse, das er auf dem entzückenden Marktplatz, der Place Richelme, einkauft, und erst kürzlich hat er sich seinen eigenen Kräuter- und Gemüsegarten angelegt. »Im Moment machen die Kräuter mehr Arbeit als die Gemüse«, sagt er bedauernd, »aber im nächsten Frühjahr werde ich das beste Basilikum in der ganzen Provence haben!«

BARIGOULE d'ARTICHAUTS en TERRINE aux COULIS de POIVRONS ROUGES

Artischockenterrine mit Paprikacoulis

Barigoule oder *Berigoulo* ist die alte provenzalische Bezeichnung für Blätterpilze, eine Art Champignons. *A la barigoule* bedeutete früher, daß geputzte Artischocken großzügig mit Olivenöl übergossen und anschließend im ganzen über einem offenen Feuer gegrillt wurden, auf ähnliche Art, wie man die Pilze dieses Namens zubereitet hat. Heute gebraucht man diese Bezeichnung für Rezep-

Aix. Ein Blinder wird denken, es regnet; könnte er sehen, erblickte er hundert blaue Fontänen, die zu Cézannes Ruhm singen.

JEAN COCTEAU, 1919

te, bei denen Artischocken mit Thymian, Champignons oder Schinken gebacken werden. JEAN-MARC BANZO hat sich von dem alten Rezept anregen lassen und die folgende wunderbare Gemüseterrine daraus entwikkelt.

Für 8 Personen

Die Terrine

100 g geräucherter Speck, in kleine Stücke geschnitten
5 Knoblauchzehen, zerdrückt
2 Lauchstangen, gesäubert und in kleine Stücke geschnitten
24 Artischockenherzen (möglichst die kleinen violetten aus der Provence, sonst 8–10 größere)
250 g schöne Pilze, in Scheiben geschnitten
3 junge Karotten, in Scheiben geschnitten
250 g kleine Zwiebeln oder Schalotten, geschält
2 reife Tomaten, geschält, entkernt und in kleine Stücke geschnitten
500 ml Weißwein
1 Thymianzweig und 1 Lorbeerblatt, zusammengebunden
Salz und Pfeffer
5 Blatt Gelatine, in etwas kaltem Wasser eingeweicht
250 ml Olivenöl

Der Paprikacoulis

5 große rote Paprikaschoten
Basilikum
Salz und Pfeffer
Olivenöl

Man kann auch Artischockenherzen aus der Dose verwenden. In diesem Fall brauchen sie nicht mit den anderen Gemüsen gekocht zu werden. Das Ergebnis ist dann aber nicht genau so gut.

In einem schweren großen Topf, in dem alle Zutaten Platz haben, den Speck kräftig ausbraten. Wenn alles Fett ausgeschmolzen ist, den Knoblauch und die Lauchstangen dazufügen und so lange dünsten, bis sie weich sind. Danach alle Gemüse (außer den Paprikaschoten) hineingeben. Mehrmals vorsichtig umrühren. Wein, Thymian und Lorbeerblatt hinzufügen, den Topf zudecken und bei mittlerer Hitze 30 bis 45 Minuten lang kochen lassen. Inzwischen das Olivenöl erhitzen und mit der eingeweichten Gelatine vermischen. Im Moment des Weichwerdens die Gemüse vom Feuer nehmen (sie müssen noch etwas Biß haben!) und leicht abkühlen lassen. Den Sud abgießen und in die Gelatine-Öl-Mischung geben.

Methode I: Den Boden einer Terrine mit einer Schicht der Gelatinemischung bedecken und 10 Minuten abkühlen lassen. Die Artischockenherzen reihenweise darauf legen (die großen Artischocken werden in Viertel geschnitten) und mit einer weiteren feinen Schicht der Gelatinemischung bedecken. Noch einmal abkühlen lassen, und dann die Karotten der Länge nach darauf verteilen. Wiederum 10 Minuten abkühlen lassen und danach reihenweise die Zwiebeln und darauf die Champignons legen. Mit den restlichen Gemüsen und der restlichen Gelatinemischung bedecken und für 24 Stunden kühl stellen.

Methode II: Wenn Sie eine einfachere Gemüseterrine zubereiten wollen, dann mischen Sie die in Öl aufgelöste Gelatine mit den gekochten Gemüsen kräftig zusammen, schütten diese Mischung in eine Terrine und stellen sie 24 Stunden lang kühl.

Kurz vor dem Servieren die Paprikaschoten unter den Grill legen, die Haut abziehen, die Samen entfernen und anschließend zu einem Püree verarbeiten. Mit gehacktem Basilikum, Salz und Pfeffer würzen und genügend Olivenöl dazugeben, daß eine flüssige Mischung entsteht. Den Boden der Terrine in heißes Wasser setzen, damit sich ihr Inhalt gut herauslösen läßt. Jeweils einen Löffel Paprikacoulis auf die einzelnen Teller geben, eine dünne Scheibe von der Gemüseterrine darauflegen und gut gekühlt servieren.

CRÉPINETTES d'AGNEAU des ALPILLES à la CRÈME d'AIL

Lammnüßchen mit Ratatouille und Knoblauchsauce

Zwei Plätze, die wegen der ausgezeichneten Qualität ihres Lammfleisches besonders angesehen sind, sind die Gebirgsstadt Sisteron, die in dem rauhen Hochland nahe der nordöstlichen Grenze der Provence liegt, und die niedrige Hügelkette der Alpilles südöstlich von St-Rémy. Bei dem folgenden Gericht wird zartes Lammfleisch in ein Kissen von provenzalischen Gemüsen, der sogenannten *Ratatouille*, gebettet und ganz kurz gekocht, damit der wertvolle Jus des Lamms nicht verlorengeht.

Für 4 Personen

1 Lammrücken ohne Knochen, in 4 Nüßchen à 150 g zerlegt
300 g Schweinenetz, in lauwarmem Wasser eingeweicht
Salz und Pfeffer
300 g Ratatouille, 24 Stunden im voraus zubereitet
Olivenöl
300 g Knoblauchzehen, gehäutet und auf kleiner Flamme weichgekocht in
100 ml Crème fraîche oder Crème double
30–45 ml Fleischbrühe

Den Ofen auf 200°/Gas Stufe 6 vorheizen. Die Nüßchen auf beiden Seiten mit Salz und Pfeffer würzen. Das Schweinenetz in 4 Stücke zerteilen, auf jedes Stück einen Löffel Ratatouille geben und die Lammnüßchen darauflegen. Die restliche Ratatouille auf den Nüßchen verteilen und jeweils die vier Seiten des Schweinenetzes gut darüber zusammenklappen.

Etwas Olivenöl in eine Schmorpfanne geben und die Fleischpäckchen, die sogenannten *Crépinettes*, bei großer Hitze auf beiden Seiten scharf anbraten. Dann im vorgeheizten Ofen noch 10 Minuten lang braten lassen. Das Fleisch herausnehmen und warmstellen. Das Fett abgießen. Die weichgekochten Knoblauchzehen in der Crème fraîche zerstampfen und die Creme in die Schmorpfanne geben, in der das Lamm gebraten wurde. Einige Löffel Brühe hineinrühren (damit die Mischung flüssig wird), auf kleiner Flamme 2 bis 3 Minuten köcheln lassen und mit Salz und Pfeffer würzen. Etwas Sauce über jedes Lammnüßchen geben und sehr heiß servieren.

RATATOUILLE

Ratatouille ist vielleicht das berühmteste provenzalische Gemüsegericht, sicher aber auch das am häufigsten schlecht zubereitete. Die grau-violette Masse, die in vielen Restaurants als Ratatouille angeboten wird, hat wirklich keinerlei Ähnlichkeit mit dem echten, so appetitlich aussehenden Gemüseragout. Bei diesem nämlich wird jedes Gemüse gesondert gekocht, damit jedes von ihnen sein eigenes Aroma behält. Erst am Schluß gibt man sie zusammen in einen großen Topf und läßt sie noch kurz auf kleiner Flamme simmern, eine Art der Zubereitung, die etwas mehr Zeit verlangt, als die einfache Methode, alle Gemüse gleich zusammen in den Topf zu werfen. Zum Trost sei aber gesagt, daß nicht nur das Ergebnis ungleich besser ist, sondern daß man auf diese Weise gut eine große Menge Gemüse zubereiten kann, um sie am nächsten Tag kalt zu servieren.

500 g Auberginen, in 12 mm dicke Scheiben geschnitten
Salz und Pfeffer
Olivenöl
500 g Zucchini, in kleine Stücke geschnitten
500 g rote und grüne Paprikaschoten ohne Samen und in dünne Streifen geschnitten
250 g Zwiebeln, geschält und fein gehackt
750 g Tomaten, geschält, entkernt und in kleine Stücke geschnitten
3 Knoblauchzehen, geschält und ganz fein gehackt
½ Tl Zucker
1 Handvoll Petersilie, fein gehackt
Blätter mehrerer Thymianzweige
9–10 Basilikumblätter, in Streifen geschnitten

Die Auberginen salzen und 30 Minuten lang abtropfen lassen. Gut abtrocknen und in kleine Stücke schneiden. Ungefähr 90 ml Olivenöl in einer großen, schweren Pfanne erhitzen. Die Auberginenstücke hineingeben, auf allen Seiten goldbraun braten und über Küchenpapier abtropfen lassen. Noch etwas Olivenöl in die Pfanne geben und die Zucchini so lange darin dünsten, bis ihre Flüssigkeit verdampft ist. Vom Feuer nehmen und abtropfen lassen. Nach der gleichen Methode mit den Paprikaschoten fortfahren. Vom Feuer nehmen, sobald sie zart sind. Danach die Zwiebeln in die Pfanne geben und solange dünsten, bis sie weich, aber nicht braun sind. Tomaten, Knoblauch, Zucker, Petersilie und Thymian hineinrühren und ungefähr 30 Minuten lang simmern lassen. Das restliche Gemüse hinzufügen und nach 5 Minuten vom Feuer nehmen. Das Basilikum hinzufügen und über Nacht in den Kühlschrank stellen.

In der Gegend von Aix gibt es vier ausgezeichnete Weine: den eleganten *Palette de Château-Simone*, die vollmundigen, schweren Rotweine des *Château-Vignelaure* und der *Domaine Tempier*, und den köstlichen *Domaine les Bastides*.

· Marseille · Der Geschmack des Meeres ·

Überall auf dem Quai de Rive Neuve am Vieux Port in Marseille liest man große Schilder mit der Aufschrift *Dégustation de Coquillages*. Bevorzugt werden vor allen Dingen die *Côtes Bleues*, die salzigen, saftigen Austern der Gegend, oder die stacheligen Seeigel, die man mit Spezialscheren öffnet, um an den begehrten Rogen zu gelangen. Aber nur die wirklich fanatischen Liebhaber von Schalentieren wagen sich an den *Violet* (oder *Figue de mer*) mit seinem schwammartigen Äußeren. Sein graues Inneres sieht noch schwammiger aus und erinnert, freundlich ausgedrückt, an kaum gebratenes Rührei. Holt man nun diese vibrierende Masse mit dem Daumen heraus und verzehrt sie ohne Brot und Zitrone, dann wird der dabei bewiesene Mut reichlich belohnt: Der köstliche Geschmack des Meeres ist noch um einiges intensiver als der bei frischen Austern.

Die schwarzen Stiere der CAMARGUE

Saint-Rémy-de-Provence ist das typische Beispiel einer provenzalischen Stadt, wie man sie sich normalerweise vorstellt: ein Café oder zwei an jeder Straßenecke und ein Topf mit Geranien auf jeder Fensterbank. Wenn Markt ist, drängen die Citroën-Lieferwagen mit ihren abenteuerlich gestapelten Warenkörben hintereinander durch die engen Straßen zum Marktplatz, der mit roten, weißen und blauen Fahnen geschmückt ist. In der Stadt sollten eigentlich die Römer spuken, sie tun es aber nicht. Sie bauten in der Nähe ihre Stadt *Glanum* und errichteten ein Kenotaph zur Erinnerung an die Enkelsöhne ihres Kaisers Augustus ganz im Süden der Stadt. Auch der Geist van Goghs geht nicht um, obgleich der Künstler das letzte Jahr seines Lebens im Irrenhaus von St-Rémy verbrachte.

Fährt man von St-Rémy über Arles in die weite Ebene der Camargue, dann ist man im Land van Goghs: endlose gelbe Felder, gesprenkelt mit blutroten Mohnblüten, Gräben voller wilder blauer Iris, schnurgerade Straßen und kleine Städte, zusammengewürfelt aus Häusern mit roten Ziegeldächern und blauen Fensterläden. Nördlich von Arles erhebt sich ganz unerwartet eine Hügelkette aus Kalkstein, die Alpilles, die in jedem Licht geheimnisvoll aussehen: Im Mondschein schimmern sie seltsam silbern, und unter der strahlenden provenzalischen Sonne leuchten sie kalkweiß. Nähert man sich auf der Straße von St-Rémy den Alpilles, dann sieht man plötzlich die Burg von Les Baux vor sich liegen, die mit ihren leeren Fenstern gespenstisch an die leeren Augenhöhlen eines Totenschädels erinnert. Hier lebte im 14. Jahrhundert Raymon de Turenne, der, so wird berichtet, vor Freude weinte, wenn er seine Feinde von den Zinnen der Burg stürzte. Und hier lebte auch der abscheuliche Bérengère, der seine Frau zwang, Herz und Blut ihres Liebhabers zu essen. Der romantischen Tradition der provenzalischen Troubadoure folgend, erklärte Madame Bérengère, niemals wieder werde sie ein so köstliches Mahl verzehren, und stürzte sich selbst über die Mauern in den Abgrund. Keiner der Geister vergangener Tragödien spukt in dem berühmten Restaurant L'OUSTAU DE BAUMANIÈRE am Fuße von Les Baux, außer vielleicht denjenigen der Touristen, die sich im Labyrinth der Souvenirläden der Burg verirrt haben und nie mehr zum Vorschein gekommen sind.

Von Les Baux nach Arles windet sich die Straße südwärts durch Weinberge, Olivenhaine und verschlafene Dörfer. Fahren Sie mitten in der Woche nach Arles, um die Stierkämpfe zu vermeiden, und setzen Sie sich in die Arena, die vor zweitausend Jahren von den Römern erbaut wurde. Vielleicht wird Ihnen die glühend heiße Sonne etwas Kopfweh bereiten, und Sie müssen eine dunkle Sonnenbrille aufsetzen – nicht aus modischen Erwägungen, sondern um Ihre Augen vor dem Widerschein des grellen Sonnenlichts auf dem weißen Stein zu schützen. Besuchen Sie die Arena, wenn Sie in Ihrer ersehnten Ruhe nur von Fliegen, nicht aber von Menschenmassen gestört werden wollen. Aber ganz ohne Menschen werden Sie niemals sein. Denn unter sich in der Arena entdecken Sie mit Sicherheit zwei Jungen – oder besser junge Männer –, schmal und schlank wie Windhunde. Sie sind in die Arena gekommen, um sich im Stierkampf zu üben, wobei sie immer wieder ihre Rollen wechseln – einmal Stier und einmal Torero. Zunächst wirkt dieses Schauspiel eher belustigend: ein stolzer Jüngling, der ein schweres rotes Cape über die Schultern geworfen hat und seinen Kopf genau im richtigen Winkel des klassischen Stierkämpfers geneigt hält, um in dieser Pose seinen Freund zu fixieren, der zwei Finger ausgestreckt über seinen Kopf hält, wie die Hörner des Kampfstiers. Aber die zunehmende Hitze, das Surren der Fliegen, die Schreie »*Eh! taureau!*« des schmalen Toreros und die langsamer werdenden, kreisenden Bewegungen des Stiers erzeugen einen Rhythmus, der einen glauben läßt, man säße tatsächlich mitten in einer dichtgedrängten Reihe von Menschen, hörte die laute Musik aus den Lautsprechern und erlebte in Wirklichkeit eine echte Corrida am Sonntagnachmittag.

Fahren Sie an einem frühen Mittwoch- oder Samstagmorgen nach Arles, um den bekanntesten Markt der ganzen Provence zu besuchen. Kaufen Sie dort Walnuß- oder Honigtörtchen, die so appetitlich in den flachen Weidenkörben feilgeboten werden, oder *Lou Cachat*, den eingelegten, überreifen Käse, der die Atemwege besser reinigt als jedes Riechsalz; oder wählen Sie von einem Metzgerwagen aus einer riesigen Menge Würste einen der berühmten würzigen *Saucisson d'Arles* aus; kaufen Sie frisch gepreßtes Olivenöl ohne Etikett oder einen Listelwein aus den Salzsümpfen der Camargue mit seiner typischen rosa-grauen Farbe. Mit ein wenig Glück stoßen Sie vielleicht auch auf den Mann, der selbstgemachte Steinguttöpfe verkauft, und sie können eine der traditionellen rostbraunen Gratinformen mit Auberginen und Paprikaschoten füllen. Aber wenn die Sonne hoch am Himmel steht, wenn das traurige Schicksal der kleinen flaumigen Kaninchen am nächsten Stand nicht mehr aufzuhalten ist, und wenn Sie Ihren Körper nur noch als Teil dieser Menschenmassen spüren, dann verlassen Sie den Boulevard des Lices und gehen zum Kloster Saint-Trophime. Nach der kleinen, brütend heißen Place de la République, die das Zentrum von Arles bildet, kommen Sie in den mittelalterlichen Stadtteil, in dem das Kloster zwischen dem 12. und dem 14. Jahrhundert erbaut wurde. Es ist so wunderbar still dort, daß man den herunterfallenden Staub zu hören glaubt.

In Arles beginnt die Camargue, ein weites, flaches Delta, das zur einen Hälfte wildes Sumpfland und zur anderen Hälfte reiches Acker- und Weideland ist. Umschlossen wird es von zwei Armen der Rhône, die beide ins Mittelmeer fließen. Hier hüten die Cowboys der Provence, die *Gardians,* die schwarzen Kampfstiere mit den langen Hörnern, die so wild sind, daß keines der schlauen Pferde der Camargue jemals den Kampf mit ihnen in der Arena aufnehmen würde (für die Corrida werden spanische Pferde eingeführt). Rosa Flamingos stehen im Sommer auf einem Bein in den Reisfeldern, die sich wie bei einer Fata Morgana bis zum Horizont zu erstrecken scheinen, und im Herbst wenn der Fenchel geerntet wird, riecht die Luft überall nach Pastis. Diese Landschaft könnte auch an den Ufern des Nils oder Tigris liegen, und auch die Bevölkerung mit ihrem olivfarbenen Teint, ihren dattelbraunen Augen und einem Speisezettel, der zigeunerhaften Einfallsreichtum und mediterrane Fülle miteinander verbindet, könnte gut aus diesen östlichen Gegenden stammen. Nach den Stierkämpfen in Arles wird nichts verschwendet. Die Stiere werden geschlachtet, das Fleisch wird auf den Märkten verkauft und auf kleiner Flamme lange mit Orangen oder Anchovis geschmort. Im Juli, wenn in Méjanes das alljährliche Fest stattfindet, werden ganze Stiere über offenem Feuer unter Aufsicht von Spezialisten gebraten, die genau wissen, wie man auch noch das zäheste Fleisch mürbe macht. An der Küste in Les-Saintes-Maries-de-la-Mer, wo sich die Zigeuner zweimal im Jahr treffen, um ihrer schwarzen heiligen Sarah zu gedenken und sie zu feiern, und in dem ausgezeichneten Restaurant LA CAMARGUE in der kleinen Stadtfestung Aigues-Mortes, die seltsam traurig wirkt, gibt es Wildenten mit salzigem Fleisch, *Tellines* (kleine Muscheln), gekochte Miesmuscheln oder Tintenfische mit Safran- und Fenchelreis, der typisch für die Camargue ist, und ein Aalragout mit Safran, den *Catigot,* der mit einer *Rouille* serviert wird, die wie Feuer auf der Zunge brennt.

Maussane

Direkt im Süden von Les Baux gibt es die beiden besten Ölmühlen der Provence, eine in Fontvieille und die andere, bekanntere – die Mühle von Maître Cornille – in Maussane. Es ist kaum zu glauben, daß alle Küchenchefs aus dem Südwesten der Provence ihr Olivenöl in diesem ruhigen Dorf kaufen, das nur aus einem kleinen Haufen alter Häuser besteht, die sich um einen staubigen Platz gruppieren, auf dem sich tagtäglich die alten Frauen des Ortes versammeln. Aber wenn Sie erst einmal das Öl kosten . . . Und dort, wo es ein gutes Öl gibt, sind im allgemeinen auch gute Restaurants zu finden. In der Hauptstraße von Maussane liegt das ausgezeichnete Ou Ravi Provençau, in dem Jean-François Richard und seine Frau Aurore Freunde, Kunden und ihre weitverzweigte Familie empfangen. Maître Cornille kommt oft hierher, um von dem guten Schinken zu probieren, der über Rosmarinzweigen geräuchert und zu selbst eingelegten Kirschen serviert wird, oder um das mit frischem Thymian gesimmerte provenzalische Kaninchen und anschließend das ausgezeichnete Sorbet aus Walderdbeeren zu genießen. Auch Flo kommt öfters, ein ehemaliger Küchenchef, der vor 20 Jahren mit seinem weißen Camargue-Pferd nach Paris geritten ist. Beide, Flo und das Pferd, haben den Eiffelturm gesehen und Champagner im Café Royal getrunken. Trotz alledem leben sie lieber in dem kleinen Ort Maussane.

BOHÉMIENNE

Gegrillte Auberginen
und Paprikaschoten

Bohémien ist ein anderes Wort für *Gitane*; beides heißt Zigeuner. Wenn man aber irgendein Land als Heimat der Zigeuner bezeichnen könnte, dann wäre es mit Sicherheit die Gegend zwischen Arles und dem Meer. Niemand, und schon gar nicht die Zigeuner selbst, scheint zu wissen, warum dieses einfache Gericht nach diesem Volk benannt ist, und alle in dieser Frage entwickelten Theorien sind wenig überzeugend. Es wird normalerweise wie eine Ratatouille ohne Zucchini zubereitet, aber Jean-François macht daraus eine besondere Spezialität, indem er die Gemüse grillt, anstatt sie im Topf zu schmoren, und indem er einen Löffel frisches Basilikum dazugibt.

Für 4 Personen

4 kleine ovale Auberginen
2 große rote Paprikaschoten
Olivenöl
schwarzer Pfeffer
1 große saftige Tomate, geschält und entkernt
Pistou (vgl. S. 81) mit 2 El frischem Basilikum extra für die Dekoration

Die Auberginen und Paprikaschoten so lange grillen, bis ihre Haut schwarz und ihr Fleisch zart geworden ist. Die Paprikaschoten halbieren, schälen und ihre Samen entfernen. Die Gemüse auf 4 Tellern hübsch anrichten, etwas Olivenöl darübergießen, mit grob gemahlenem schwarzem Pfeffer würzen und mit dem Pistou und frischen Basilikumblättern servieren (siehe Zeichnung).

PERDRAU à la GITANE
Rebhuhn nach Zigeunerart

Wenn die Zigeuner in der Camargue früher schöne, wohlgenährte Hühner gestohlen hatten, gruben sie sie ganz, mit ihren Federn, im lehmigen Boden unter ihrem Lagerfeuer ein. Tauchte dann ein argwöhnischer Bauer auf, um nach seinen verlorengegangenen Hühnern zu suchen, konnte er nichts entdecken. Einige Stunden später, wenn die Gefahr vorüber war, wurde das Federvieh wieder ausgegraben und die Federn zusammen mit der inzwischen hart gewordenen lehmigen Erde entfernt. Flo bereitet Wachteln, kleine Hühner und Rebhühner auf dieselbe Art und Weise zu: Zuerst werden sie gesäubert und gerupft, dann mit Muskatellertrauben gefüllt, danach in geölte Blätter eingewickelt und schließlich im Sand unter einem Holzkohlenfeuer 2–3 Stunden lang vergraben. Es lohnt sich, dieses Rezept auszuprobieren! Die Sandhülle hält die Tiere saftig und bewirkt zugleich, daß das Aroma der Trauben in ihr Fleisch eindringen kann.

PAIN MARTÉGAU

Stockfisch-Gemüse-Terrine

Der Südwesten der Provence ist das eigentliche Zentrum des Aïoli. Auf jedem Sommerfest gibt es ein *Grand Aïoli:* riesige Töpfe dieser glänzenden gelben Sauce, dazu große Platten mit gepökeltem Stockfisch und gekochten, aber noch knackigen Gemüsen. Das folgende Rezept aus Martigues, der Geburtsstadt von Flo wurde angeblich erfunden, um die Reste solcher großen Gelage zu verwerten. In Wirklichkeit ist es aber nur ein Vorwand, um das Knoblauchfest bis zum nächsten Tag zu verlängern. (Obwohl das Gericht normalerweise mit gepökeltem Stockfisch zubereitet wird, kann man auch jeden frischen Fisch dafür verwenden).

Für 6 Personen

550 g gekochte Kartoffeln, geschält und püriert
Saft von 1 Zitrone
4–5 El Aïoli (vgl. S. 12)
550 g gekochter Stockfisch, zerbröckelt
Salz und schwarzer Pfeffer
ca. 24 dünne grüne Bohnen, gekocht
3 El frische Petersilie, fein gehackt

Die Sauce

5 große reife Tomaten
4 El Olivenöl
4–8 Basilikumblätter, in feine Streifen geschnitten
1 El Weißweinessig
Salz und Pfeffer

Zubereitung der Pastete: Kartoffeln, Zitronensaft und Aïoli zu einer glatten Mischung verrühren. Den Stockfisch hineingeben, gut umrühren und mit Salz und viel frisch gemahlenem schwarzem Pfeffer würzen. Die Mischung in 3 Teile aufteilen und die erste Portion in eine 1,5 kg fassende, ausgefettete Terrine oder Kuchenform geben. Die Hälfte der grünen Bohnen darauf der Länge nach verteilen. Die gehackte Petersilie in die zweite Portion rühren und über die Bohnen geben. Die restlichen Bohnen darauf verteilen und zum Schluß die restliche Stockfischmischung darüberschütten. Die fertige Terrine mit einem Brett oder einem anderen Gegenstand gut abdecken und über Nacht in den Kühlschrank stellen. Für die Sauce die Tomaten schälen und entkernen und mit den anderen Zutaten zu einem Püree verarbeiten. An einem kühlen Ort, aber

nicht im Kühlschrank, aufbewahren. Am nächsten Tag die Terrinenform kurz in heißes Wasser stellen und den Inhalt herauslösen. Auf jeden Teller ein wenig Sauce geben und jeweils eine dünne Scheibe der Stockfischterrine darauflegen. Kalt servieren! Wenn Sie zufällig noch anderes als grüne Bohnen, Stockfisch und Aïoli übrig haben, dann können Sie natürlich auch andere Gemüse in Ihre Terrine schichten. Aber denken Sie daran, daß nur die Kartoffeln und der Aïoli dem Gericht seine schöne Form verleihen. Eine zu große Vielfalt an Gemüsen könnte eventuell das dekorative Aussehen Ihrer Pastete beeinträchtigen.

SOUPE au PISTOU

Gemüsesuppe mit Pistou

Wenn Sie an einem heißen Sommertag in Maussane haltmachen und auf dem großen Platz mitten im Ort eine Gruppe schwatzender alter Frauen sitzen sehen, die frische Bohnen enthülsen, dann sind es sicher Verwandte von Jean-François. »Ich kann einfach keine *Soupe au Pistou* in meinem Restaurant anbieten, wenn nicht die Tante und Großmutter meiner Frau die Bohnen vorbereiten«, sagt M. RICHARD. »Diese Suppe ist eins von den ›einfachen‹ Familiengerichten, die viel Zeit brauchen und bei denen alle Zutaten sehr frisch sein müssen.« In Nizza serviert man sie mit einer Sauce aus Basilikum und Parmesan (vgl. S. 27). Hier in Arles und im Nordwesten der Provence wird der Pistou aus Basilikum und Tomaten zubereitet, damit die Suppe frischer und leichter schmeckt. Die Sauce selbst darf niemals kochen und wird erst in letzter Minute in die Suppe gerührt.

Für 6–8 Personen

500 g grüne Bohnen, in 5 cm lange Stücke geschnitten
500 g frische Pintobohnen oder Saubohnen, enthülst
500 g frische weiße Bohnen, enthülst oder 250 g getrocknete weiße Bohnen, über Nacht eingeweicht
2 Kartoffeln, geschält und in große Würfel geschnitten
2 Tomaten, geschält
500 g Zucchini, ungeschält und in Scheiben geschnitten
der weiße Teil von 2 Lauchstangen, in Stücke geschnitten
die Blätter von 2 Stangen Staudensellerie, gehackt
Salz und Pfeffer
100 g dicke, kurze Makkaroni

Pistou

3–4 Knoblauchzehen
2 große Bund frisches Basilikum
100 g geriebener Gruyère
oder Parmesan
1 gegrillte Tomate, geschält
und entkernt
2–3 El Olivenöl

2 l Wasser zum Kochen bringen und alle Gemüse außer den grünen Bohnen und den Zucchini hineingeben. Salzen und pfeffern. Den Topf schließen und 2 Stunden lang auf kleiner Flamme köcheln lassen. Anschließend die restlichen Gemüse und die Makkaroni dazugeben, eventuell noch mehr salzen und pfeffern und weitere 15 Minuten kochen. Die Suppe kann aber auch in einer anderen Reihenfolge zubereitet werden: Zunächst die getrockneten Bohnen vorkochen, dann die anderen Gemüse auf kleiner Flamme köcheln lassen, bis sie zart sind, und zum Schluß die gekochten Bohnen mit den Makkaroni in die Suppe geben. Inzwischen den Pistou folgendermaßen zubereiten: Knoblauch und Basilikum zusammen zu einer Paste verarbeiten und anschließend den Käse und die gegrillte Tomate hineinarbeiten. Unter ständigem Rühren das Olivenöl in ganz feinem Strahl hineinlaufen lassen und zum Schluß einige Löffel Brühe von der Gemüsesuppe dazugeben. Den Pistou in einem Mörser anrichten und zur Suppe servieren.

Versuchen Sie nicht, einen Pistou mit weniger Basilikum zuzubereiten. Kochen Sie dann lieber eine Gemüsesuppe mit frischem Majoran oder Oregano. Sie schmeckt gleichfalls ausgezeichnet.

TELLINES

Tellines sind winzige Venusmuscheln von der Größe eines Daumennagels, deren Verzehr viel Geduld verlangt. Die Fischer sammeln sie in großen, flachen Sieben, damit der Sand abfließen kann. Nur an einem schmalen Küstenstreifen der Camargue können sie geerntet werden; etwas weiter draußen verlieren die Muscheln ihr salziges Aroma. Bereitet man sie schlecht zu, dann können sie sandig, schleimig und zäh sein: Man muß sie unbedingt lange unter kaltem Wasser spülen, um alle Sandkörnchen zu entfernen. Bereitet man sie aber nach der besten Methode zu – d. h. man läßt sie bei starker Hitze aufgehen, anschließend leicht abkühlen (so daß sie das Öl nicht aufsaugen können, sondern nur leicht davon überzogen werden) und gibt sie zum Schluß in eine Vinaigrette mit Petersilie und Knoblauch – dann haben sie einen frischen Meeresgeschmack, der sehr gut zu einem Glas Ricard paßt. So serviert man sie auch als Vorspeise in dem liebenswerten BISTROT DU PARADOU in der Nähe von Maussane, in dem an jedem Freitag alle Tische mit Einheimischen besetzt sind, die Aïoli essen. Die Stammgäste – der Bürgermeister, Handwerker, Winzer und Honoratioren – essen hier alle zusammen an einem langen einfachen Holztisch, eingezwängt zwischen Bar und Küche.

Arles

Früher wurden in Arles so viele *Tellines* gekauft, daß man die Bewohner der Stadt schließlich *Telliniers* nannte. Im Restaurant Le Vaccarès erfreuen sich die kleinen Muscheln nach wie vor großer Beliebtheit. Der Besitzer und Küchenchef Bernard Dumas läßt sie hier, wie von altersher gewohnt, auf großer Flamme ohne Zugabe von Fett aufgehen und abtropfen und würzt sie anschließend mit viel Knoblauch, gehackter Petersilie, Öl und Essig. Er serviert sie immer gern, wenn sie auf dem Markt erhältlich sind. Da das aber nicht oft der Fall ist, und sie niemals auf der Speisekarte erscheinen, sollte man am besten danach fragen. M. Dumas ist der Küchenchef schlechthin, eine der Persönlichkeiten, die seine Kollegen als *sérieux* bezeichnen, weil er seine Arbeit absolut ehrlich und gewissenhaft betreibt. Am liebsten serviert er die traditionellen Gerichte, denen er seine persönliche Note verleiht. »In ihnen drückt sich die Kultur des Volkes aus – und außerdem schmecken sie ausgezeichnet! Manchmal ist es selbst für die Experten schwer, zwischen Raffinesse und Belanglosigkeit in der modernen Küche zu unterscheiden.« Le Vaccarès liegt an der Place du Forum, auf der van Gogh in einer sternenklaren Nacht sein berühmtes Café gemalt hat (das jetzt übrigens ein Möbelgeschäft ist!). Vom Balkon des Restaurants schaut man hinab auf die Reste der Säulen des römischen Forums, die in die Mauern des Hotels NORD-PINUS einbezogen sind und durchaus einen Besuch lohnen; aber die *Palourdes* im VACCARÈS sind zu köstlich, als daß man auf sie verzichten könnte.

LOUP à la VAPEUR à la COMPOTE d'ORANGES et de CITRONS

Im Dampf gegarter Seebarsch mit gedünsteten Orangen- und Zitronenscheiben

MONSIEUR DUMAS bekommt seinen Seebarsch von einem befreundeten Fischer aus Les-Saintes-Maries-de-la-Mer in der Camargue. Das köstliche, fruchtige Olivenöl, das bei einem so einfachen Gericht eine entscheidende Rolle spielt, stammt aus MAÎTRE CORNILLES MÜHLE in Maussane. »Den Seebarsch auf diese Art zuzubereiten, ist keine echte Kochkunst«, sagt Monsieur Dumas bescheiden, »aber wer ihn einmal so gegessen hat, wird ihn niemals wieder anders zubereitet haben wollen.«

Für 4 Personen

Meeresalgen (wenn möglich)
700–800 g Seebarschfilets
grobes Meersalz und schwarzer Pfeffer
16 Orangensegmente, geschält
8 Zitronensegmente, geschält
5–6 El Olivenöl.

Wenn Sie keinen ausreichend großen Dampfdrucktopf oder Fischkochtopf haben, können Sie die Seebarschfilets mit etwas Zitronensaft, Butter, Salz und Pfeffer in Aluminiumfolie einwickeln, auf ein Backblech legen und im vorgeheizten Ofen (200°/Gas Stufe 6) backen. Für ein Filet von 200 g

müssen Sie ungefähr 9–10 Minuten Backzeit rechnen. Den Einsatz eines Fischkochtopfs oder Dampfdrucktopfs, der groß genug ist, daß die Fischfilets darin in einer Lage nebeneinander Platz haben, mit Meeresalgen auslegen. Wasser etwa 2,5 cm hoch in den Topf füllen und zum Kochen bringen. Den Fisch auf die Algen legen, mit Salz bestreuen und den Topf gut schließen. Inzwischen die Orangen- und Zitronensegmente ganz sanft in Olivenöl erhitzen (keinesfalls braten!). Sobald die Fischfilets gar sind, sofort auf vorgewärmte Teller verteilen, jeweils etwas Zitronen-Orangen-Kompott und frisch gemahlenen Pfeffer darübergeben und zu einfachem gekochten Reis servieren.

BROUFFADO des MARINIERS du RHÔNE

Rindfleisch nach Rhôneschifferart

Dieses sehr alte Rezept für mariniertes und mit Anchovis gekochtes Rindfleisch, eine etwas einfachere Version als das von M. Dumas servierte, ist berühmt bis hinauf nach Lyon. Die Rhôneschiffer nahmen es in großen Töpfen mit, um es am Abend nur noch heiß zu machen. Es ist immer noch ein Gericht, das aufgewärmt besser schmeckt als frisch zubereitet.

Für 6 Personen

1,5 kg mageres Rindfleisch, Nuß oder Bug, in 12 Stücke geschnitten

MARINADE

2 El Olivenöl
2 El Rotweinessig
ein Streifen getrocknete Orangenschale von 7,5 cm Länge
1 Lorbeerblatt
6 Gewürznelken
Salz und Pfeffer
¼ Tl Muskat
Olivenöl
1 große Zwiebel, fein gehackt
2 Knoblauchzehen, fein gehackt
3 El Kapern

SAUCE

6 Anchovis, in Milch eingeweicht
1 Knoblauchzehe
1 Tl Olivenöl
3–4 Tl Cornichons (kleine Pfeffergurken), fein gehackt, zum Garnieren

Die Marinade über das Rindfleisch gießen und über Nacht ziehen lassen. Am nächsten Tag etwas Öl in einen feuerfesten Schmortopf geben (er muß groß genug sein, damit alle Zutaten, eng zusammengepreßt, darin Platz haben), das Rindfleisch hineinlegen, und Zwiebel, Knoblauch und Kapern dazufügen. Die Marinade darübergießen, alles gut zusammendrücken und den Topf fest verschließen. Dabei darauf achten, daß so wenig Raum wie möglich zwischen Fleisch und Deckel gelassen wird. Bei niedriger Temperatur 3 Stunden lang im Ofen garen lassen. Kurz vor Ende der Kochzeit die Anchovis mit 1 Knoblauchzehe und 1 Tl Olivenöl zerstampfen. Ein halbes Glas warmes Wasser hineinschlagen, damit eine dicke Paste entsteht. Das fertig gekochte Fleisch auf eine vorgewärmte Servierplatte legen, den Bratenjus durchpassieren und die Anchovispaste hineinschlagen. Diese Mischung einige Minuten lang auf kleiner Flamme simmern lassen und anschließend über das Fleisch geben. Auf jedes Stück Fleisch einen kleinen Löffel gehackte Cornichons verteilen und servieren.

Auf der Weinkarte des VACCARÈS ist der bemerkenswerte DOMAINE DE TRÉVALLON verzeichnet, der von dem Weinberg stammt, den Éloi Dürrbach in den felsigen Hügeln der Alpilles angelegt hat.

Markt in Arles

Samstags bietet der Markt in Arles mehr als nur lokale Spezialitäten. Natürlich bekommt man hier die *Saucissons d'Arles*, aber genauso kann man die pelzig aussehenden Streifen von getrocknetem und gesalzenem Stockfisch kaufen, die *Morues pour la brandade*, wie an manchen Ständen groß angeschrieben steht. *Brandade de morue* ist eine cremige Mischung aus gepökeltem Stockfisch, warmer Milch und Olivenöl, ein Gericht, das sowohl im Languedoc als auch im Südwesten der Provence bekannt ist. Der Name des Gerichts soll von dem französischen Wort *brandir* abgeleitet sein, das die kreisende Handbewegung bezeichnet, die die Köche vor der Erfindung des Mixers mit ihren Holzlöffeln ausführen mußten, um dieses mühselige Gericht zuzubereiten. In der Provence füllt man häufig Blätterteigtorten oder frische Ravioli mit dieser Mischung.

MORUE à la PROVENÇALE
Stockfischgratin

Die *Brandade de morue* mit ihrer großen Menge Öl und Milch (ungefähr ¼ l Öl und ¼ l Milch auf 1 kg Stockfisch) liegt manch einem, der solche Art Speisen nicht gewöhnt ist, schwer im Magen. Der folgende Stockfischgratin, ein Rezept aus dem 19. Jahrhundert, mit frischer Zitrone und roten Paprikaschoten, stellt eine bekömmlichere Version der mächtigen Brandade dar.

Für 4 Personen

500 g getrockneter, gepökelter Stockfisch
6 Lauchstangen, geputzt und der Länge nach in Streifen geschnitten
2 Schalotten, fein gehackt
1 Knoblauchzehe, fein gehackt
2–3 El Olivenöl
3 El frische Petersilie, fein gehackt
1 große rote Paprikaschote, Stiel und Samen entfernt und in Stücke geschnitten
frisch gemahlener schwarzer Pfeffer
1 Zitrone, geschält und in dünne Scheiben geschnitten
Semmelbrösel, fein gemahlen

Zunächst den Stockfisch vorbereiten: 24–36 Stunden in kaltem Wasser einweichen (dabei häufig das Wasser wechseln). Abtropfen lassen, wieder mit kaltem Wasser bedecken und bis kurz vor den Siedepunkt – der gepökelte Stockfisch darf niemals kochen – erhitzen. Bei dieser Temperatur 8–10 Minuten lang ziehen lassen, bis der Fisch gerade eben weich ist. (Dies ist auch der Punkt, an dem der Stockfisch gegebenenfalls zu einem Aïoli oder einer Brandade verarbeitet werden kann.)

Den Ofen auf 175°/Gas Stufe 4 vorheizen. Den Stockfisch sehr gut abtropfen lassen, enthäuten und Gräten entfernen. Lauchstangen, Schalotten und Knoblauch in ein wenig Öl dünsten, und, wenn sie weich geworden sind, mit der Petersilie, der Paprikaschote und viel schwarzem Pfeffer vermischen. Die Hälfte dieser Mischung in eine geölte feuerfeste Auflaufform geben. Die eine Hälfte der Zitronenscheiben, den Stockfisch, die restlichen Zitronenscheiben und den Rest der Lauchmischung in Lagen darüberschichten. Mit den Semmelbröseln bedecken, etwas Olivenöl darüberträufeln und 1 Stunde lang im Ofen backen. Für die letzten 10 Minuten der Backzeit die Ofentemperatur erhöhen, damit der Gratin eine schöne goldgelbe Kruste bilden kann.

· Méjanes ·

Die Völker des Mittelmeeres haben schon immer den Anisgeschmack geliebt: In Athen genießt man im Schatten des Parthenon einen Ouzo, in Beirut trinkt man den Raki, in Neapel die Sambucca und in Marseille den Pastis. Früher war Absinth das bevorzugte Anisgetränk, bis er im Jahre 1915 verboten wurde, weil er zu schweren Gesundheitsschäden führte. Zeitweilig waren sogar alle Getränke mit starkem Anisgeschmack verboten, weil man fälschlicherweise annahm, sie seien alle giftig.

Dieses Verbot hielt die Barbesitzer in Marseille jedoch nicht davon ab, ihre selbstgebrauten Anisgetränke zu servieren. Kurz vor 1932, als die kommerzielle Herstellung von Pastis wieder offiziell legalisiert wurde, bekam ein 23jähriger Marseiller Maler von seinem Vater zu hören: »Paul, Du mußt was Richtiges arbeiten! Deine Malerei ist, weiß Gott, keine passende Beschäftigung für den Sohn eines bürgerlichen Weinhändlers.« Der junge Maler hieß PAUL RICARD, und seine Mischung aus provenzalischen Kräutern, Anis, Zukker und natürlichem Alkohol ist heute der berühmteste Aperitif Frankreichs.

Im Jahr 1974 entdeckte man, daß der PASTIS RICARD mindestens genauso gut, wenn nicht sogar besser schmeckte, wenn man den teuren chinesischen Sternanis durch den in der Camargue heimischen Fenchel ersetzte. Deshalb sind heute die Fenchelfelder in der Camargue ein genauso vertrauter Anblick wie die schwarzen Stiere, die weißen Pferde und die rosafarbenen Flamingos.

LES SEICHES à la CAMARGUAISE

Tintenfisch à la Camarguaise

In der HOSTELLERIE DE MÉJANES, die früher einmal die Jagdhütte der Stierhüter auf Ricards Ranch in Méjanes war, ißt man die besten kleinen Tintenfische, die in der Provence *Petits supions* genannt werden. Der Küchenchef MONSIEUR PORTAS (der auch auf das Braten ganzer Stiere spezialisiert ist) säubert sie selbst, wälzt sie in gewürztem Mehl und brät sie dann in gutem Olivenöl kross. Mit einem Glas eisgekühltem Pastis (oder mehreren) und dem frischen Lakritzeduft der benachbarten Fenchelfelder ist dieses Essen eine angenehme Unterbrechung bei der Beobachtung der Flamingos. Die Tintenfische lassen sich auch auf eine andere Weise zubereiten: Man gibt sie zusammen mit dem Pastis in einen Topf und läßt sie während des Kochens allmählich den Alkohol absorbieren.

Für 4 Personen

625 g Tintenfisch ohne Tintensäcke
250 ml magere Brühe
Olivenöl
2 Knoblauchzehen, zerdrückt
Salz und Pfeffer
eine Handvoll frische Petersilie, grob gehackt
1 Schalotte oder Zwiebel, fein gehackt
175 g frischen Spinat, gut gewaschen und in Streifen geschnitten
1 kleines Likörglas Pastis

Von den Tintenfischen jeweils die Arme abschneiden und die Köpfe halbieren. Brühe, Wein, 2 El Olivenöl, Salz und Petersilie zum Kochen bringen, den Tintenfisch dazu geben und genügend kochendes Wasser, damit alles gut bedeckt ist. Zugedeckt auf mittlerer Flamme 20–25 Minuten lang kochen lassen. Anschließend etwas Öl in eine große, schwere Pfanne geben und die Zwiebel oder Schalotte darin weich dünsten. Den Spinat dazufügen, zwei-bis dreimal umrühren und dann den Tintenfisch hineingeben. Den Pastis und soviel Kochflüssigkeit darübergießen, daß der Fisch gerade bedeckt ist. Mit Salz und Pfeffer würzen und ohne Deckel auf kleiner Flamme ungefähr 20 Minuten lang köcheln lassen. Gegebenenfalls während des Kochens noch etwas Sud ergänzen. Die Tintenfische mit einem Löffel Aïoli in der Mitte anrichten oder eine Schüssel Safranreis dazu reichen.

MOULES au PASTIS

Muscheln in Pastis

Dieses Rezept, eine Camarguer Version der klassischen *Moules marinières au vin blanc* (Miesmuscheln in Weißwein), eignet sich auch ausgezeichnet für die *Tellines*. Man sollte sie aber unbedingt über Nacht in frisches, kaltes Wasser legen, damit aller Sand herausgespült wird.

Für 4 Personen

2 kg Miesmuscheln, gut gewaschen, Bärte und Seetang entfernt
2 Schalotten oder 1 kleine Zwiebel, fein gehackt
2 Knoblauchzehen, zerdrückt
300 ml trockener Weißwein
150 ml Pastis
1 Tl Koriandersamen
3 Tomaten, frisch oder aus der Dose oder
3–4 El Crème fraîche oder Crème double
6 El Olivenöl
eine Handvoll frische Petersilie, gehackt
Salz und Pfeffer

Die Muscheln 20 Minuten lang in kaltes, mehrmals gewechseltes Wasser legen. Alle Muscheln, die beschädigt, nicht fest verschlossen oder anormal schwer sind, wegwerfen. Schalotten, Knoblauch, Wein, Pastis, Koriander, Tomaten (wenn Sie keine Crème fraîche verwenden) und Olivenöl zum Kochen bringen. Wenn die Sauce auf die Hälfte eingekocht ist, Muscheln und Petersilie dazugeben, den Topf fest verschließen und auf großer Flamme 5–10 Minuten garen. Dabei immer wieder kräftig schütteln, bis sich die Muscheln geöffnet haben. Die Muscheln auf vorgewärmten Tellern verteilen, die Crème fraîche in die Sauce rühren und mit Salz und Pfeffer abschmecken. Die Sauce wieder erhitzen, über die Muscheln gießen und zu knusprigem Brot oder mit Knoblauch eingeriebenen Toastscheiben servieren.

Grand Aïoli in St-Rémy

2 kg gepökelter Stockfisch
5 kleine Artischocken
12 Karotten
1 mittelgroße rote Beete
500 g grüne Bohnen
500 g Kichererbsen
20 kleine Kartoffeln
3 Dutzend Schnecken
10 große Pilze
10 Stangen Sellerie
2 Dutzend schwarze Oliven
mehrere Fenchelknollen
Aïoli von 8 Eiern, 20 Knoblauchzehen und Olivenöl
(für 10 Personen)

Auf Trüffelsuche im LUBÉRON

Im Norden von Aix-en-Provence erhebt sich die langgestreckte blaue Gebirgskette des Lubéron. Manche Historiker glauben, daß sich der Name dieser Berge von dem provenzalischen Wort für Kaninchen ableitet und möglicherweise auf die kaninchenähnliche Form des Gebirges hinweisen sollte. Man braucht zwar viel Phantasie, um eine derartige Ähnlichkeit festzustellen, aber die Bewohner des Lubéron haben mit Sicherheit im Laufe der Zeit so viele Kaninchen gebraten, daß der Name vielleicht doch nicht ganz ungerechtfertigt ist.

Auf den Hügeln des Petit Lubéron erheben sich eine Reihe steinerner Dörfer, die im 9. Jahrhundert zum Schutz gegen die Sarazenenüberfälle angelegt worden sind. Auch später im Mittelalter und bis weit ins 19. Jahrhundert hinein, als immer noch Räuber und Plünderer umherzogen, aber nicht mehr so gewalttätig waren, boten diese Dörfer den Bewohnern der Gegend einen gewissen Schutz. Viele dieser Plätze wurden später verlassen. Inzwischen sind sie zu Ruinen verfallen und erinnern heute an die alten Illustrationen zu den Romanen von Sir Walter Scott. Ihre früheren Bewohner zogen in die fruchtbaren Täler zurück, die reich an Gemüse und Obst sind, und ließen dort das entstehen, was heute der große Gemüsegarten Frankreichs ist. Maler, Dichter und Musiker, die modernen Eindringlinge, die es sich erlauben können, landwirtschaftliche Schwierigkeiten um der Schönheit einer Landschaft willen zu ignorieren, haben damit begonnen, die alten Dörfer zu restaurieren und ihre vergangene Schönheit wiederherzustellen.

Wenn die Bewohner des Lubéron auch ihre Berggipfel anderen überlassen haben, so halten sie dennoch mit Zähigkeit an ihren alten Traditionen fest. Eine der beliebtesten ist mit Sicherheit die Jagd, und von allem gejagten ›Wild‹ wird wohl die schwarze Trüffel am meisten verehrt. Dieser kompakte rundliche Pilz, dessen Aussehen auf den ersten Blick an die Hinterlassenschaft eines gigantischen Schafgelages erinnert, ist eine Jagdbeute, die jeder echte Provenzale auf seine Weise zu würdigen versteht. Von unansehnlichem Äußeren, manchmal von mildem, fast fadem Geschmack, kann die Geschmacksessenz einer guten Trüffel aber sogar durch die Schale eines Eis dringen und dem daraus zubereiteten Omelett ein so intensives Aroma verleihen, daß selbst größte Skeptiker zu glühenden Verehrern dieses begehrten Pilzes werden.

Auch Abel Rivarel bewundert ihn und geht jedes Jahr auf Trüffelsuche. Er beliefert seinen Freund Gabriel Rousselet vom Restaurant Les Bories in Gordes ausreichend mit feinen Trüffeln, so daß dieser seine Kunden zufriedenstellen kann. 1985 war ein schlechtes Trüffeljahr – gut für die Touristen, aber zu heiß und zu trocken für die Pilze –, und Abel hatte eine magere Ernte: 100 g hier und 200 g da; nicht wie im Winter '59, als er acht Kilo pro Tag fand, oder verglichen mit 1978, dem großen Trüffeljahr, in dem es fünf Monate ohne Unterbrechung geregnet hatte. Damals verlängerte sich die Saison um drei Monate nach ihrem üblichen Höhepunkt im Februar. Tag für Tag, Weihnachten eingeschlossen, durchwanderte Abel 5 000 Hektar bergiges Land, das von den Bewohnern der Gegend als sein persönliches Trüffelgebiet angesehen wird. Das ist eine beachtliche Leistung für einen mehr als sechzig Jahre alten Mann, aber Arbeit ist für Abel ein Vergnügen, selbst in den schlechtesten Jahren. Er ist einmal an die Côte d'Azur gefahren, aber: »Wir waren zusammengepfercht wie in einer Sardinenbüchse!« Er bevorzugt seine wilden Berge, in denen Wacholder, Bohnenkraut, Thymian und Rosmarin in so dichten Büschen wachsen, daß er und seine Hündin Rita den würzigen Duft mit nach Haus bringen.

Abel hat, wie schon sein Vater und Großvater, sein Terrain Busch für Busch und Stein für Stein durchwandert und sich dabei alle verborgenen Trüffelplätze wie auf einer geheimnisvollen Karte eingeprägt. »Unter diesem Baum habe ich 1959 zwei Kilo gefunden . . . und dieser da, er war vor zwei Jahren gut, aber jetzt nicht mehr! Vielleicht in drei Jahren wieder . . .« Das Geheimnis eines erfolgreichen Trüffelsuchers besteht darin, den verräterischen Kreis unfruchtbaren Bodens zu finden, der sich langsam um jeden Baum herum entwickelt, an dessen Wurzeln zur Zeit oder in Zukunft Trüffeln wachsen. In solchen Fällen beginnt Rita mit dem Schwanz zu wedeln, während Abel ihr die Stellen am Boden zeigt, wo sie beide möglicherweise fündig werden könnten. Beginnt die Hündin daraufhin mit ihrer Nase und ihren Pfoten in der Erde zu wühlen, hält Abel sie sofort zurück und ermahnt sie: »*Doucement!* Wie oft habe ich dir das schon gesagt!« Er gräbt dann mit seinen eigenen Händen weiter, und sobald er eine Trüffel von der Größe eines Golfballs vom letzten Erdklumpen befreit hat, entströmt diesem wunderbaren Pilz ein so starkes und sinnliches Aroma, daß nicht nur geübte Hundenasen ihn wahrnehmen können.

Manchmal entdeckt eines der Wildschweine, deren Pfade kreuz und quer durch das Terrain führen, die Trüffeln zuerst. In seiner Gier durchwühlt es dann den Boden so heftig, daß er für die Zukunft verdorben ist. Oft geschieht es auch, daß der Pilz den Baum abtötet, der ihn ernährt hat. Dann nützt es auch nichts, daß Abel seinen Hund Rita behutsam abgerichtet hat und ihn immer wieder freundlich ermahnt: »*Cherche, Rita! Cherche!*« Er erinnert sich, daß es nach dem Krieg so viele Pilze gab, daß einer seiner Freunde Säcke voll davon mit nach Hause brachte, dann aber nur die runden aufbewahrte und alle anderen fortwarf. »Und dieses Jahr«, sagt Abel lächelnd, »habe ich fast nicht genug, um Gabriel zufriedenzustellen. Aber vielleicht gibt es ja im nächsten Jahr mehr . . . oder im Jahr darauf. Wer weiß?«

Gordes – Les Bories

Vom Dorf Roussillon mit seinen kräftigen Ockerfarben schaut man hinüber nach Gordes, einen anderen kleinen Ort, dessen Häuser sich abenteuerlich an einen steilen Berghang klammern und über dem ein Renaissanceschloß thront. Es ist eine Stadt der Künstler – viele von ihnen schlecht und nur wenige gut –, die von der Schönheit der engen Gassen und der terrassenförmig angeordneten alten Steinhäuser angelockt worden sind. Westlich der großen Place du Marché befindet sich ein kleinerer Platz mit einem Brunnen und einem Café, das sich heute LA RENAISSANCE nennt. Schon immer hat hier ein Café gestanden, und vor dem Krieg war es besonders berühmt, weil sich dort die Tagesgrößen aus Literatur und Kunst drängten. Unter einer riesigen Platane, die das ganze Jahr über wie an Weihnachten mit Lichtern geschmückt ist, kann man hier wunderbar sitzen und ein Glas Côtes-du-Lubéron oder einen eisgekühlten Beaumes-de-Venise trinken.

Gordes ist bekannt wegen einer Gruppe geheimnisvoller Steinhütten, die etwas außerhalb im Süden der Stadt liegen. Man glaubt, daß einige dieser sogenannten *Bories*, die in ihrer Form an Bienenkörbe erinnern, aus vorrömischer Zeit, andere aber aus dem 18. Jahrhundert stammen. Seit 25 Jahren ist in einer Gruppe von ihnen auf dem Berg oberhalb von Gordes LES BORIES, eines der besten Restaurants im Lubéron, untergebracht. Mit seinen fast siebzig Jahren steht GABRIEL ROUSSELET, der Besitzer und Küchenchef, jeden Morgen früh auf, um selbst auf dem Markt in Cavaillon einzukaufen. Die Art und Weise, wie er die regionalen Spezialitäten nach traditionellen und nach neuen Rezepten verarbeitet, findet bei jedem, auch bei Abel Rivarel, dem Trüffeljäger, große Anerkennung. Er geht, wie er sagt, »lieber einmal im Monat wie ein König bei Gabriel essen, als weniger zu bezahlen, aber nur Mittelmäßiges zu bekommen«.

CASSOLETTE de TRUFFES
Cassolette von Trüffeln

MONSIEUR ROUSSELET erinnert sich mit Wehmut an die Zeit, als Gordes noch sein Oktoberfest feierte, bei dem ein Stier durch die Straßen geführt wurde. Sein Schicksal war es, zu einer guten *Daube de bœuf* für alle Dorfbewohner verarbeitet zu werden, wozu man einen riesigen *Tian de Courge* aß, der im holzbefeuerten Ofen des Dorfbäckers gebacken wurde. Diese Tradition ist leider verschwunden, aber eine andere, die viel älter ist, hat sich bis heute erhalten – die Jagd auf Trüffeln und deren Verzehr durch die leidenschaftlichen Trüffelenthusiasten der Gegend. GABRIEL ROUSSELET backt die kostbaren ›schwarzen Perlen‹ in Blätterteig und gibt zur Würze die ihnen im Aroma fast ebenbürtigen wilden Steinpilze mit hinein.

Als Entrée für 1 bis 2 Personen

1 frische schwarze Trüffel, 25–40 g schwer, abgebürstet und geschält

25 g Pfifferlinge oder Steinpilze
(oder gezüchtete Pilze,
wenn notwendig), fein gehackt
Salz und Pfeffer
15–30 ml warmes Wasser
10 g sehr gute ungesalzene Butter
50–75 g Blätterteig
1 Ei, geschlagen

Den Ofen auf 230°/Gas Stufe 8 vorheizen. Eine feuerfeste Steingutform verwenden, die gerade groß genug ist, Pilze, Wasser und Butter aufzunehmen, ohne daß sie beim Backen über den Rand quellen. Die Trüffel in die Mitte legen und mit den anderen Pilzen umgeben. Würzen, mit Wasser beträufeln und Butterflöckchen darauf verteilen. Den Blätterteig 3 mm dick ausrollen, die Form damit bedecken und die Ränder gut festdrükken. Mit dem geschlagenen Ei bestreichen und 20 bis 25 Minuten bakken, bis der Teig goldbraun ist. Sofort servieren.

GLACE à la LAVANDE
Lavendeleis

Im Nordosten von Gordes erstrecken sich die Felder mit dem weltberühmten Lavendel wie lilafarbene Samtbänder über die Hügelketten. Aus den Blüten des Lavendels bereitet MONSIEUR ROUSSELET das folgende Eis mit dem unvergleichlichen, wohlriechenden Aroma zu.

Für den Lavendelkaramel

50 g Puderzucker
13 g Lavendelblüten

Für die Eiscreme

290 ml Milch
1 Lavendelzweig (und ein
zweiter für die
Dekoration)
4 Eigelb
50 g Puderzucker
290 ml Crème double,
leicht geschlagen

Zunächst den Lavendelkaramel zubereiten. Zucker und Lavendelblüten in einen Topf geben und bei geringer Hitze solange schmelzen lassen, bis die Mischung braun und karamelisiert ist. Anschließend auf ein gefettetes Backblech gießen, abkühlen lassen, und dann zu einem feinen Puder zermahlen. Jetzt die Eiscreme zubereiten. Die Milch mit dem Lavendel zum Kochen bringen, vom Feuer nehmen, zudecken, und 30 Minuten lang an einem warmen Ort ziehen lassen. Inzwischen die Eigelb und den Zucker zu einer Creme schlagen. Den Lavendel aus der Milch nehmen und diese in die Zucker-Ei-Mischung schlagen. Langsam erhitzen und dabei kontinuierlich umrühren, bis die Rückseite des Holzlöffels wie mit einem feinen Film überzogen ist. Die Creme abkühlen lassen. Die geschlagene Sahne vorsichtig unter die Creme heben. Anschließend in eine große Tiefkühlbox geben, zudecken und einfrieren. Wenn das Eis halbgefroren ist, den Karamel hineinrühren und dann weiter einfrieren. Noch einmal umrühren, bevor das Eis ganz hart wird. Da der Lavendel nur im Sommer blüht, sollten Sie eine größere Eismenge zubereiten und einfrieren.

Apt und Ménerbes

In einem Artikel mit der Überschrift ›*Excursion Gastronomique – Midi de la France*‹, der für die Zeitschrift LE GASTRONOME im Jahre 1839 geschrieben wurde, rühmt ein Monsieur Fortuné Pin seine Heimatstadt Apt wegen ihrer ausgezeichneten kandierten Früchte – Aprikosen, Quitten und Melonen –, wegen ihrer verschiedenen Käse und der Butter, die nach Haselnüssen schmekken, wegen ihrer mit Maronen gemästeten Truthähne und ihrer Trüffeln, die »wegen ihres Aromas ebenso berühmt sind wie die aus dem Périgord und sich außerdem besser konservieren lassen«.

GÂTEAU aux RAISINS et FRUITS CONFITS d'APT

Traubenkuchen mit kandierten Früchten aus Apt

Die kandierten Früchte von Apt werden heute, anders als zu Zeiten von Monsieur Pin, vorwiegend industriell hergestellt; auch sind sie nicht von der auserlesenen Qualität, wie sie bei AUER in Nizza angeboten werden. Man verwendet sie vor allem dazu, Torten und Konfekt zu garnieren, wie auch bei dem folgenden saftigen Früchtekuchen aus der entzückenden Stadt Ménerbes im Lubéron.

200 g Muskatellertrauben oder schwarze Kirschen (entsteint)
Rum
200 g weißes Mehl
1 Messerspitze Salz
2 gehäufte Tl Backpulver
150 g Puderzucker
150 ml Olivenöl
10 ml Vanilleextrakt
2 Eier
2 El Milch
in Scheiben geschnittene (nicht gewürfelte) kandierte Früchte für die Dekoration

Trauben und Rum in eine Schüssel geben und 1 Stunde lang ziehen lassen. Den Ofen auf 180°/Gas Stufe 4 vorheizen. Eine Kuchenform von 18–20 cm Durchmesser mit geöltem Backpapier auslegen. Mehl, Salz und Backpulver zusammen durch ein Haarsieb in eine Schüssel sieben. Zucker, Öl und Vanille zusammenschlagen, bis eine lockere, glatte Mischung entstanden ist. Die Eier nacheinander hineinschlagen. Die durchgesiebten trockenen Zutaten und die Milch unterziehen. Die Trauben aus dem Rum nehmen, leicht in Mehl wälzen und in den Teig rühren. In die Kuchenform gießen, die Oberfläche glattstreichen und mit den kandierten Früchten dekorieren. Auf der mittleren Schiene so lange backen, bis an einem Messer, das man in die Mitte des Kuchens gesteckt hat, nichts mehr haften bleibt (ungefähr 1¼ Stunde). Den fertigen Kuchen aus der Form herausnehmen, solange er noch warm ist, und auf einem Kuchengitter abkühlen lassen.
Mit eisgekühlten Beaume-de-Venise servieren.

Viens

Selbst an nebligen Tagen kann man von Viens aus, das im Westen von Apt liegt, die Alpen sehen. Die Ostmauern dieses winzigen mittelalterlichen Dorfes erheben sich auf steilen Felsen, die hinabreichen bis in das Tal, das die Grenze zwischen der Vaucluse und den Bergen der Haute Provence bildet. Obwohl Viens nicht mehr als 20 Kilometer von dem wunderbaren Gemüsemarkt von Apt entfernt liegt, basiert die Küche des Gasthofes CHEZ BOUQUET auf der ländlichen Kost der provenzalischen Alpen, die einfach und kalorienreich ist. Madame ALINE BOUQUET und ihre Tochter Pascale setzen die Tradition der *Cuisine familiale* fort, die begann, als Monsieur Bouquets Mutter Chefin des Restaurants war. »Nennen Sie es nur nicht *Haute cuisine*«, sagt PAUL BOUQUET. »Was wir kochen, ist nur einfache, gute Hausmannskost.«

An dem Tag, als Monsieur Bouquet über seine einfache Küche sprach, hatten Zigeuner gerade 150 Meter vom Restaurant entfernt ihre Zirkuszelte aufgebaut: Draußen waren die Ziegen festgebunden, und der Hund eines Gastes fing manchmal laut zu knurren an, wenn der stechende Geruch aus den Tigerkäfigen herüberdrang. Im CHEZ BOUQUET ist es so gemütlich, daß man eher meint, in der Küche eines Freundes zu sitzen, als im Speiseraum eines Restaurants. Die Spitzengardinen flattern gegen das riesige alte Holzbuffet, auf dem verschiedene Spezialitäten des Hauses – eingelegte Gemüse, Kirschen in Schnaps, mehrere Honigsorten aus der Gegend und Körbe mit Käse – hübsch arrangiert sind. Eine Frau aus dem Dorf mit einem Baby im Arm kommt herein und erkundigt sich bei Aline nach dem Rezept für ihre Wildschweinpastete, und Monsieur Bouquet eilt von Tisch zu Tisch, erzählt Geschichten und tauscht eine Weinflasche gegen eine Karaffe Wasser aus, die ein Gast fälschlicherweise bekommen hatte. »Hier schmeckt sogar das Wasser wie Wein.«

LÉGUMES à l'HUILE

Gemüse in Olivenöl

Der wild wachsende *Tête de nègre* ist ein riesiger Steinpilz mit schwarzer Kappe. Die Bouquets schätzen ihn noch mehr als den berühmteren *Cèpe de Bordeaux*. Ihre Methode, Steinpilze zu konservieren, um sie in den Wintermonaten als wunderbares Hors d'œuvre anzubieten, läßt sich auch gut für Auberginen oder süße Paprikaschoten anwenden.

1 Zwiebel, fein gehackt
1 Karotte, fein gehackt
3 Knoblauchzehen, zerstampft
viel gutes Olivenöl
400 ml Weißweinessig
400 ml Wasser
1 Bund frische Kräuter, zusammengebunden (Thymian, Rosmarin und Majoran)
5–6 Koriandersamen
10–12 ganze Pfefferkörner
1 kg wilde Pilze, geputzt und in Scheiben geschnitten

oder rote und grüne Paprikaschoten ohne Stiele und Samen, in Streifen geschnitten

oder Auberginen, geputzt, halbiert und der Länge nach in Scheiben geschnitten

4 Lorbeerblätter
einige Zweige Thymian

Zuerst eine Marinade zubereiten. Zwiebel, Karotte und Knoblauch in etwas Öl weichdünsten. Mit Salz und Pfeffer würzen, Weißweinessig, Wasser, das Kräuterbündel, Koriander und Pfefferkörner dazugeben. 10 Minuten lang kochen lassen. Die Gemüse über Nacht in der Brühe kalt werden lassen. Am nächsten Morgen herausnehmen, abtropfen lassen und in Einmachgläser füllen. Die Lorbeerblätter und die Thymianzweige seitlich in die Gläser stecken, das Ganze mit Olivenöl bedecken und verschließen. Einen Monat stehenlassen, bis zum ersten Mal gekostet werden darf. Mit dünnen, knusprigen Toastscheiben servieren, die den aromatischen Jus aufsaugen können.

TERRAIETO

Kleine Bauernpasteten

Terraïetos sind winzige Steinguttöpfe, nicht viel größer als Puppengeschirr, die verschiedene Pasteten enthalten: Pasteten aus Krammetsvögeln (Drosseln), aus Hühnerlebern, Wildhasen oder Kaninchen.

2 Knoblauchzehen, zerdrückt
1 Zwiebel, fein gehackt
Olivenöl
2 Kaninchenlebern (oder 12 Hühnerlebern)
2 Lammnieren
jeweils 1 El Petersilie und Thymian, gehackt
3 Eier, geschlagen
Salz und schwarzer Pfeffer
250 ml Tomatencoulis
1 Scheibe Brot, in Bouillon eingeweicht
1 kleines Glas Schnaps

Den Ofen auf 190°/Gas Stufe 5 vorheizen. Knoblauch und Zwiebeln in Olivenöl weichdünsten. Leber und Nieren dazufügen und 3 Minuten weitergaren lassen. Fein hacken und mit den anderen Zutaten vermischen. In mehrere kleine feuerfeste Töpfchen pressen und 45 Minuten lang backen lassen. Warm oder kalt servieren.

TIAN de COURGE

Kürbisgratin

An Sonntagen im Winter dreht sich bei den Bouquets immer ein Spießbraten über dem offenen Feuer im Kamin. Als Gemüse gibt es dazu entweder ganze Zwiebeln, die in einem mit Kräutern gewürzten Fleischjus gekocht werden, oder einen saftigen *Tian de Courge* in einer Auflaufform aus Steingut. *Tian* bezeichnet einerseits den provenzalischen Gratin selbst, andererseits aber auch das Geschirr, in dem er gebacken wird. Als es die elektrischen und gasbetriebenen Öfen noch nicht gab, wurde der *Tian* mit einem Deckel verschlossen, dessen Vertiefung mit Kohle gefüllt war, und zum Kochen auf eine Eisenplatte gesetzt, die auf drei Beinen in einer Ecke des Kamins stand.

Für 6 Personen

1 kg Kürbis, geschält, entkernt und in kleine Würfel geschnitten
½ Tasse Reis, 10 Minuten lang gekocht und gut abgetropft
1 Handvoll geriebener Gruyère
4 El Mehl, durchgesiebt
3 Knoblauchzehen, fein gehackt
5 El Thymian, fein gehackt
½ Tl Muskatnuß, frisch gerieben
Salz und Pfeffer
100 g Semmelbrösel (nach Wunsch)
Olivenöl

Den Ofen auf 170°/Gas Stufe 3 vorheizen. Alle Zutaten außer den Semmelbröseln miteinander vermischen, bis der Kürbis gut mit Mehl und Kräutern bedeckt ist. Die fertige Mischung in eine ausgebutterte Gratinform geben und mit den Semmelbröseln bedecken. Ein paar El Olivenöl darüberträufeln und den Tian solange backen lassen, bis er knusprig und karamelfarben ist. Der Kürbis muß die Konsistenz eines Pürees haben. Man serviert den Tian entweder nur mit einem knackigen Wintersalat oder aber als Beilage zu einem einfachen Braten.

TIAN de COURGE SUCRÉE

Süßer Kürbisgratin

Gute Kochkunst besteht darin, aus einigen ganz einfachen Zutaten das Bestmögliche zu machen. In der Provence bedeutet das, daß viele Gemüse, wie zum Beispiel Kürbis, Zucchini und Spinat, sowohl in süßen als auch in herzhaften Gerichten mit gleich gutem Ergebnis verwendet werden. Der gebackene Kürbis des folgenden Rezepts mit seinen Gewürzen und seinem knusprigen Karamelüberzug hat Ähnlichkeit mit der Füllung eines amerikanischen *Pumpkin Pie*.

1 kg Kürbis geschält, entkernt und in kleine Würfel gehackt
70 g Butter
10 g Zucker
½ Tl Zimt
½ Tl Muskat, frisch gemahlen
2 El Orangenschale, fein gerieben
100 g Gruyère, gerieben (nach Wunsch)
5 Eier, geschlagen
1 kleines Glas Rum (nach Wunsch)
100 g Semmelbrösel, vermischt mit 2 El Zucker

Den Ofen auf 230°/Gas Stufe 8 vorheizen. Den Kürbis in wenig Wasser zugedeckt 15 Minuten lang kochen lassen. Wenn er zart ist, abtropfen lassen und pürieren. Die Hälfte der Butter in einer Pfanne zergehen lassen, Zucker und Kürbis dazufügen und ungefähr 10 Minuten lang kochen lassen. Gewürze, Orangenschale und Käse hineinrühren und gut vermischen. Vom Feuer nehmen, abkühlen lassen und Eier und, falls gewünscht, Rum unterziehen. Die fertige Mischung in eine ausgebutterte feuerfeste Servierschüssel geben, die Semmelbrösel-Zucker-Mischung darauf verteilen und etwas eindrükken, die restliche Butter in kleinen Flöckchen daraufsetzen und solange backen, bis die Oberfläche des Gratins knusprig braun ist. Heiß servieren.

Lourmarin

Von Apt klettert die Straße nach Süden zwischen Weinbergen hinauf ins rauhe, zerklüftete Innere des Lubéron und fällt dann wieder steil ab zu den engen Schluchten eines Flusses, der sich durch die Berge bis nach Lourmarin windet, wo ALBERT CAMUS begraben ist. Im Westen erhebt sich über der kleinen Stadt eine mächtige Burg aus dem 15. Jahrhundert. DENISE PÉLAS wohnt am Ende der von der Burg in den Ort hinabführenden Straße neben dem Bauernhof, in dem ihr Vater und ihre Großmutter geboren wurden, aufwuchsen und arbeiteten. Schon als junges Mädchen wurde sie stark von den Düften und dem Geschmack der Küche ihrer Großmutter beeindruckt, und selbst nach Jahren, die sie in anderen Ländern verbracht hat, sind ihr und ihren Freunden die Rezepte ihrer Kindheit noch immer die liebsten.

BŒUF en DAUBE
Provenzalisches Schmorfleisch

Die *Daube provençale* ist ein Ragout, das langsam auf kleiner Flamme geköchelt wird, um das köstliche, aber etwas zähe Fleisch der Camargue-Ochsen mürbe zu bekommen. Im Unterschied zu anderen französischen Rindfleischragouts wurde es ursprünglich mit Wasser zubereitet. Heute variieren Zutaten und Rezept sehr stark nach den Vorstellungen der verschiedenen Köche. Von dem provenzalischen Dichter MISTRAL wird berichtet, daß er die Sauce am liebsten aß, die am Schluß noch mit Anchovis abgerundet wurde. RENÉ JOUVEAU erwähnt ein Wirtshaus in Aix, in dem die mit einer getrockneten Orangenschale gekochte *Daube* so ausgezeichnet war, daß die Gäste immer wieder auf ihr Dessert verzichteten, um sich statt dessen noch mehrere Male von diesem wunderbaren Ragout nachgeben zu lassen. DENISE PÉLAS bereitet die Daube wie ihre Großmutter und die Bewohner des nahegelegenen Dorfes Gordes zu. Sie legt das Rindfleisch vor dem Braten zunächst in Estragonessig ein, was dem Fleisch und dem Gelee – wenn die Daube kalt serviert wird – einen geheimnisvollen, wunderbar scharfen Geschmack verleiht.

Für 6–8 Personen

- 2 kg gutes Rindfleisch zum Schmoren (Schulter, Bug), in 5 cm große Würfel geschnitten
- Estragonessig zum Marinieren und 3 El zusätzlich
- 4–5 frische und 2–5 getrocknete Lorbeerblätter
- 5 Knoblauchzehen, ungeschält
- grobes Meersalz und Pfeffer
- 1 Handvoll Petersilie, fein gehackt
- 1 Kalbs- oder Schweinefuß (wenn die Daube kalt in Gelee serviert werden soll; siehe Anmerkung am Ende des Rezepts)
- 200 g frisches Schweinefett
- 1 Zwiebel, in feine Scheiben geschnitten
- 4–6 Karotten, der Länge nach geviertelt
- genug Brühe, um das Fleisch zu bedecken
- 15 cm lange Streifen getrocknete Orangenschale (nach Wunsch)

Jedes Stück Rindfleisch gut in Essig wälzen und mit Lorbeerblättern und Knoblauch in eine verschließbare Schüssel geben. Mit Salz, Pfeffer und Petersilie würzen und 5 El Essig hinzufügen. Den Deckel schließen und 12 Stunden unter mehrmaligem Wenden im Kühlschrank marinieren. Den Kalbsfuß (falls gewünscht) blanchieren und in vier Stücke schneiden. Wenn das Rindfleisch lange genug mariniert ist, das frische Schweinefett in kleine Stücke schneiden und in einer schweren Pfanne zergehen lassen. Das Rindfleisch aus der Marinade nehmen, gut abtrocknen und auf allen Seiten über großer Flamme in dem zerlassenen Schweinefett scharf anbraten. Das Fleisch mit einem Seihlöffel herausnehmen, die Hitze reduzieren, die Zwiebel hineingeben und leicht anbräunen. Anschließend die restliche Marinade (außer dem Knoblauch) dazugießen und den Kalbsfuß hineinlegen. 10 Minuten lang kochen lassen und danach alles zusammen mit dem Rindfleisch und den Karotten in einen schweren Schmortopf mit Deckel geben. Soviel Brühe dazuschütten, daß das Fleisch gut bedeckt ist; die getrocknete Orangenschale (nach Wunsch) mit hineingeben und den Topf fest verschließen. Bei niedriger Temperatur auf oder im Ofen 5–7 Stunden lang köcheln lassen.

Wenn Sie einen Schmortopf aus Steingut verwenden, dann lassen Sie Ihre Daube im Ofen schmoren. Der Steinguttopf könnte platzen, wenn er direkt auf der Herdplatte oder der Gasflamme steht. Sollten Sie aber einen schweren Eisentopf benutzen, dann ölen Sie etwas Pergamentpapier ein, legen es auf das Schmorfleisch und verschließen den Topf hermetisch mit dem Deckel. Die Daube kann dann auf dem Herd bei niedriger Temperatur gekocht werden. Nach Meinung von Denise darf die Flüssigkeit nie Blasen werfen, sondern nur leicht zittern – *mijoter* würde ein französischer Koch dazu sagen. Das bedeutet wörtlich simmern, meint aber auch »*cuisiner avec amour*« – mit Liebe kochen, was dem Geist der provenzalischen Küche wesentlich näher kommt.

Die Daube vor dem Servieren entfetten und nachwürzen. Das Fleisch vom Kalbsfuß lösen und in die Daube geben, die Knochen wegwerfen. Etwas Gruyère über eine Schüssel mit gekochten Makkaroni reiben, mehrere Löffel des Bratensafts darübergießen und mit dem Fleisch servieren.

Küchenchefs in Avignon geben vier Gewürznelken in die Marinade und schmoren die Daube mit zwölf Walnüssen, die sie vorher geviertelt und geröstet haben.

Wollen Sie eine Daube servieren, wie sie MISTRAL geliebt hat, dann pürieren Sie zwei Anchovis und mischen sie kurz vor Ende der Kochzeit in den Jus.

Falls Sie eine kalte Daube in Gelee als Sommergericht servieren wollen, dann ändern Sie das vorhergehende Rezept folgendermaßen ab: Die Bouillon und den zusätzlichen Essig weglassen und statt dessen 1 Liter Rotwein in die Marinade gießen. Darauf achten, daß das Fleisch während des Kochvorgangs immer gerade mit Flüssigkeit bedeckt und der Topf hermetisch verschlossen ist, damit die Flüssigkeit nicht verdampfen kann. Wenn die Daube fertig ist, den Kalbsfuß herausnehmen und das Fleisch und die Gemüse hübsch in einer tiefen Schüssel anrichten. Die Sauce durch ein Sieb passieren und darübergießen. Ungefähr 4–5 Stunden in den Kühlschrank stellen, bis sie fest geworden ist. Das Fett abheben, das sich während des Abkühlens an der Oberfläche abgesetzt hat. Den Boden der Schüssel kurz in warmes Wasser halten und die fertige *Daube en gelée* auf eine Servierplatte stürzen. Fein gehackte frische Petersilie darüberstreuen, leicht in das Gelee drücken und mit grobem Senf, Oliven und Cornichons servieren.

POULE aux OLIVES VERTES

Hühnchen mit grünen Oliven

Man muß sich nicht wundern, wenn viele der Rezepte von Denise eine lange Kochzeit beanspruchen. Sie stammen aus

einer Zeit, in der ihre Familie tagsüber in den Weinbergen arbeitete und deshalb Eintopfgerichte zubereitet wurden, die stundenlang auf dem Feuer köcheln konnten und dabei die wunderbaren Aromen von Wein und Kräutern aufnahmen.

Für 6 Personen

2 kg Huhn
Salz und Pfeffer
Olivenöl
1 mittelgroße Zwiebel, fein gehackt
2 El Cognac
1 Flasche Weißwein (nicht zu sauer)
2 El frische gehackte Kräuter oder 1 Tl getrocknete Kräuter (Thymian, Majoran und Bohnenkraut)
2 mittelgroße Tomaten, geschält, entkernt und grob zerkleinert (oder Tomaten aus der Dose, wenn die frischen nicht aromatisch genug sind)
175 g Pilze (oder in lauwarmem Wasser eingeweichte getrocknete Steinpilze)
175 g grüne Oliven, entsteint und gründlich unter kaltem Wasser gewaschen

Knoblauchcroûtons zum Garnieren

3 Knoblauchzehen, geschält und zerdrückt
3 El Olivenöl
½ kleine Baguette, in dünne Scheiben geschnitten
4 El frische Petersilie, fein gehackt

Das Huhn in 6 Stücke zerteilen. Mit Salz und Pfeffer würzen und in einer schweren Pfanne in Öl auf allen Seiten anbraten. Die Hitze reduzieren, die Zwiebel dazufügen und so lange dünsten, bis alles eine blaßgoldene Farbe angenommen hat. Den Cognac über das Huhn gießen, mit einem Streichholz anzünden, und sobald die Flamme erloschen ist, alles zusammen aus der Pfanne in einen feuerfesten Schmortopf geben. Wein, Kräuter und Tomaten hinzufügen. Der Wein sollte das Huhn gerade bedecken. Den Topf schließen und auf kleiner Flamme so lange kochen, bis das Huhn zart ist (ungefähr 2½ Stunden).
In der Zwischenzeit die Knoblauchcroûtons zubereiten. Den Knoblauch ungefähr 1 Stunde lang in das Olivenöl legen. Anschließend einen Küchenpinsel in das Öl tauchen und jede Brotscheibe auf beiden Seiten einpinseln. Die Brotscheiben unter den Grill legen, bis sie leicht gebräunt sind, und zum Schluß mit Petersilie bestreuen. (Die Croûtons können zu Fleischragouts, Suppen und Salaten serviert werden.)
15 Minuten vor Ende der Kochzeit die Pilze 3 Minuten lang in etwas Öl schmoren und dann mit ihrem Jus in den Schmortopf geben. Das Huhn die restliche Zeit ohne Deckel köcheln lassen, damit die Flüssigkeit etwas einkochen kann. Das Huhn und die Pilze aus dem Topf nehmen, auf einer Servierplatte anrichten und warmstellen. Das Fett von der Sauce abschöpfen und diese durch ein Sieb in einen kleinen Topf passieren. Zum Kochen bringen, die Hitze reduzieren, die Oliven hinzufügen und noch 5 Minuten lang simmern lassen. Die Sauce abschmecken und mit den Oliven über das Huhn gießen. Die heißen Knoblauchcroûtons darüber verteilen.

AUBERGINES aux TOMATES

Auberginen mit Tomatensauce

In der Provence sagt man von den Auberginen, sie seien *Gourmandes*, da sie zuviel Öl aufsaugten. Das Geheimnis von Denise besteht darin, daß sie viel, aber sehr, sehr heißes Olivenöl verwendet. Auf diese Weise schließt sich die Oberfläche der Auberginen schnell, und das daraus zubereitete Gericht ist zwar gehaltvoll, aber nicht ölig.

Für 4 Personen

1 kg Auberginen,
in 1 cm große Würfel geschnitten
Olivenöl
1 kg schöne frische Tomaten,
entkernt, gehäutet und grob zerkleinert (oder Tomaten aus der Dose)
3 Knoblauchzehen, fein gehackt
eine Handvoll frische Petersilie,
fein gehackt
3 El frischer Majoran oder Oregano,
gehackt
Salz und Pfeffer

Das Öl in einer schweren Pfanne erhitzen, bis es zu rauchen beginnt, und immer nur eine Handvoll Auberginen auf einmal hineingeben, damit die Temperatur des Öls nicht wieder abnimmt. Wenn die Auberginen goldbraun gebacken sind, mit einem Seihlöffel aus der Pfanne nehmen. Anschließend Tomaten, Knoblauch und Gewürze in die Pfanne geben und mit Salz und Pfeffer abschmecken. 10 Minuten lang kochen lassen, zunächst mit und dann ohne Deckel, damit die Flüssigkeit um die Hälfte einkochen kann. Am Ende der Kochzeit die Auberginen wieder dazugeben und noch einmal 5 Minuten zusammen köcheln lassen.

TIAN de GRANDES COURGETTES

Gratin aus Riesenzucchini

Die Händler auf dem Markt von Lourmarin reservieren speziell für Denise besonders große Zucchini. Die meisten Köche ziehen die ganz kleinen vor, aber Denise ist der Meinung, daß die größeren Exemplare einen intensiveren Geschmack haben, wenn man darauf achtet, daß ihre überschüssige Flüssigkeit während des Kochens verdunsten kann.

Für 4 Personen

1 Zwiebel, fein gehackt
Olivenöl
1 sehr großer Zucchino,
in Scheiben geschnitten
2 Lorbeerblätter
Salz und frisch gemahlener Pfeffer
4 El Mehl
4 El gehackte Petersilie
120 g Gruyère, gerieben
4 El Butter

Den Ofen auf 220°/Gas Stufe 7 vorheizen. Die Zwiebel im Öl weichdünsten. Zucchinischeiben und Lorbeerblätter dazugeben und mit Salz und Pfeffer abschmecken. Den Topf schließen und alles zusammen auf großer Flamme 5 Minuten kochen lassen. Den Deckel abnehmen, die Hitze auf eine mittlere Stufe reduzieren und so lange kochen, bis alle Flüssigkeit verdampft ist. Noch einmal abschmecken. Die Zucchini mit Mehl und Petersilie bestreuen und anschließend mit geriebenem Gruyère bedecken. Butterflöckchen darauf verteilen und ½ Stunde im Ofen backen lassen.

Bonnieux

Oft bleibt uns von einem Essen nur ein einziges Gericht im Gedächtnis. Manchmal aber genießen wir sogar eine Schale voller runzeliger, lilaschwarzer Oliven wie eine Delikatesse, weil wir sie unter wärmenden Sonnenstrahlen verzehrten, die durch die belaubten Äste eines Baumes drangen, oder aber dank des Enthusiasmus eines freundlichen Kellners. Auf die Frage, warum er meine, daß die traditionelle Küche der Provence so besonders gut sei, antwortete uns ein solcher Kellner in dem kleinen, hoch oben in den Bergen gelegenen Ort Bonnieux: »Heute badet man in der Sonne, Madame. Zu Zeiten meiner Großmutter hat man sie gegessen.«

TRUFFES de CHÈVRE en TAPENADE

Ziegenkäsetrüffel in Olivenpüree

Einige Nahrungsmittel schmecken nach Sonne, insbesondere Oliven. Die *Tapenade*, eine scharfe Olivenpaste, die aus zerstampften Anchovis und Kapern zubereitet wird, hat einen unvergleichlichen Provence-Geschmack. Man kann sie leidenschaftlich lieben, aber auch ebenso leidenschaftlich verabscheuen. Im Restaurant CÉSAR in Bonnieux wird die eigentliche Tapenade in ein anderes, etwas seltsames, aber interessantes Gericht verwandelt: Winzige frische Ziegenkäse, die nicht größer als 4 cm im Durchmesser sind, werden in schwarzes Olivenpüree eingerollt, um ihnen das Aussehen von ganzen Trüffeln zu verleihen, und zusammen mit einem Radicchio- oder Endiviensalat serviert. Da die Kombination von Käse und Oliven sehr gehaltvoll ist, sollte der Salat mit möglichst wenig Olivenöl angemacht werden.

Für 4 Personen

4–8 kleine Ziegenkäse (oder weiche Ziegenfrischkäse, zu kleinen Bällen geformt)
1 kleiner Kopf Radicchio
1 kleiner Kopf Endiviensalat

Für die Tapenade

300 g schwarze Oliven, entsteint
200 g Kapern, abgespült
2 Anchovis, in Milch gewässert, um das Salz zu entfernen
1 Knoblauchzehe, zerstampft
1 Tl Senfkörner *oder* Pfeffer
1 frisches Lorbeerblatt, fein gehackt
1 Handvoll frische Thymianblätter, fein gehackt
1 kleines Glas Cognac
2 Tl Zitronensaft
Olivenöl

Die festen Zutaten zerdrücken und gut miteinander vermischen (oder mit einem Mixer pürieren), damit eine grobe Paste entsteht. Cognac und Zitronensaft hineinrühren, und dann tropfenweise das Olivenöl dazugeben, bis die Paste die Konsistenz einer dicken Marmelade angenommen hat. Jeden Käse in der Tapenade hin- und herrollen, damit er ringsherum von der Paste bedeckt ist und auf dem Salat zusammen mit dünnen, knusprigen Toastscheiben servieren.

Oppède – Simone Bonnet

SIMONE BONNET lebt in einer alten Windmühle im Lubéron, die von Obstbäumen und Weinbergen umgeben ist. Ihr alter Citroën ist voller Flecken von den unzähligen Kilos Trauben, die sie zum Markt gefahren hat, und zerbeult von dem Trommelfeuer der Feigen, Kirschen und Walnüsse, das immer wieder auf sein Dach niedergeht. Simones Familie ist die älteste in Oppède, einer relativ modernen Stadt unterhalb der unerhört malerischen Ruinen von Oppède-le-Vieux, das oben auf dem Berg liegt. Ihre neunzigjährige Tante Julie ist noch immer eine ausgezeichnete Köchin. Ihre Taube mit Linsen ist berühmt, ebenso ihr Schweinebraten mit ganzen Knoblauchzehen, die wie weiße Bohnen im Bratensaft mitgegart werden. Tante Julie erinnert sich an manchen Winter im Krieg, in dem frische Gemüse eine Seltenheit waren. Die Familie verbrauchte dann die Auberginen und Tomaten, die sie im Sommer in der Sonne getrocknet und anschließend in Olivenöl eingelegt hatte. Lange Reihen von Orangenschalen und wilden Pilzen wurden damals mit einer Nadel auf einen Faden gezogen und in die Scheune zum Trocknen aufgehängt, um später einer *Daube* oder einem *Pot-au-feu* ihr unverwechselbares Aroma zu verleihen.

GIGOT d'AUBERGINES

Gespickte Auberginen

Dieses Auberginengericht nennt sich *Gigot* (Keule), weil es wie eine Lammkeule zubereitet wird. Die Auberginen werden ringsherum mit Knoblauchstückchen gespickt und ganz über einem Holzkohlenfeuer gebacken. Das gleiche Gericht kann leicht zu einer scharfen Mousse abgewandelt und mit knusprigem Brot serviert werden

Für 6 Personen

3 Auberginen, gewaschen und abgetrocknet
6 Knoblauchzehen, der Länge nach in Stücke geschnitten
1 Zweig frischer Majoran, gehackt
1 Zweig frischer Thymian, gehackt
Olivenöl
1–2 Zitronen zum Anrichten

Falls das Gericht nicht auf einem Holzkohlengrill zubereitet wird, den Ofen auf 180°/Gas Stufe 4 vorheizen.
Die Auberginen ringsherum mit einem spitzen Messer einritzen und in jeden Schlitz ein Knoblauchstückchen und ein paar Kräuterblättchen stekken. Die Schale der Auberginen gut mit Olivenöl einreiben und entweder auf einem Holzkohlenfeuer so lange backen, bis sie schwarz geworden sind, oder im Ofen dicht nebeneinander in einer eingeölten Backform ungefähr 1 Stunde lang. Vor dem Servieren die Auberginen halbieren und mit Olivenöl und Zitronensaft beträufeln.

MOUSSE d'AUBERGINES

Auberginenmousse

Will man das Gericht zu einer Mousse abwandeln, so muß man zu den oben angegebenen Zutaten noch Muskatnuß, Salz und Pfeffer hinzunehmen. Die gebackenen Auberginen halbieren, das Fruchtfleisch mit einem Löffel herausholen und in eine Schüssel geben. Mehrere Löffel Olivenöl hineinrühren, mit einer Messerspitze Muskatnuß und einigen Spritzern Zitronensaft würzen und alles zusammen solange gut schlagen, bis die Mischung eine cremige Konsistenz hat. Mit Salz und schwarzem Pfeffer abschmecken.

GÂTEAU de FRUITS TOMBÉS

Auflauf von Fallobst

Im Limousin bereiten die Köche diesen Auflauf mit kleinen schwarzen Kirschen zu. In der Provence gibt man Muskatellertrauben hinein und parfümiert sie mit einem wunderbaren Beaumes-de-Venise. Das Rezept ist so einfach, daß sich Tante Julie weigern würde, es als ein solches zu bezeichnen. »Es ist einfach eine Methode, um Obst zu verwenden, das Druckstellen hat oder überreif ist.«

700 g Muskatellertrauben, gewaschen und abgetrocknet
60 g Mehl, durchgesiebt mit 4 Messerspitzen Salz
60 g Zucker
½ Tl Muskatnuß
4 Eier
600 ml Milch
60 ml Beaumes-de-Venise

Den Ofen auf 190°/Gas Stufe 5 vorheizen. Die Trauben in eine gut ausgebutterte tiefe Auflaufform geben. Mehl, Zucker und Muskatnuß vermischen und abwechselnd Milch und Eier hineinschlagen. Den Wein hinzufügen und die Mischung über die Trauben gießen. So lange backen (ungefähr 45 Minuten), bis der Auflauf aufgegangen und braun geworden ist. Mit Zucker bestreuen und lauwarm mit einer Schüssel Sahne servieren.

CONSERVE de SOLEIL

In Schnaps eingelegte Kirschen

Auf Simones Regalen stehen dichtgedrängt Einmachgläser mit Kirschen, Aprikosen und Pflaumen und Flaschen mit hausgemachtem Kräuterschnaps. Das folgende Rezept nennt sich *Conserve de Soleil*, weil Simone das Obst mindestens vierzig Tage in der Sonne stehenläßt.

1. Arbeitsschritt

750 g schwarze Kirschen
1 l Obstbranntwein einfacher Schnaps oder Cognac (40° Alkohol)
1 Vanillestange
2 Gewürznelken
1 Zimtstange

2. Arbeitsschritt

750 g Sauerkirschen
300 g Zucker

Auf jede Süßkirsche leicht mit einem Holzstock schlagen, so daß die Haut platzt, die Frucht aber nicht völlig zerquetscht wird. Die Kirschen mit dem Alkohol und den Gewürzen in ein großes steriles Einmachglas geben, hermetisch verschließen und 15 bis 20 Tage stehenlassen. Anschließend die Mischung filtern und Kirschen und Alkohol wieder in sterilisierte Einweckgläser füllen, die jeweils 1 000 ml fassen. Die Stiele von den Sauerkirschen entfernen

und zusammen mit dem Zucker dazugeben. Fest verschließen und mindestens zwei Monate vor dem Anbrechen möglichst an einen sonnigen Ort stellen. Den fertigen Schnaps in kleinen Gläsern mit einem Löffel für die Kirschen servieren.

· Cabrières d'Avignon ·

Nach der Berg- und Talbahn-Fahrt durch Oppède, Ménerbes, Bonnieux, Roussillon und Gordes öffnet sich das Land in ein weites, friedliches Tal mit Dörfern, die überschaubarer sind, dafür aber weniger an Illustrationen aus Romanen des 18. Jahrhunderts erinnern. In Cabrières-d'Avignon in der Nähe des entzückenden Städtchens L'Isle-sur-la-Sorgue unterhalten MICHEL BOSC und seine Familie ein Bistro, in dem sich die Dorfbewohner regelmäßig treffen, um über die Vorzüge des neuen Jahrgangs des Côtes-du-Lubéron zu diskutieren. Michel Boscs Vorfahren arbeiteten als Bäcker und Konditoren im Gebiet von Bouches-du-Rhône, wo die Leute in der Trüffel- und Quittenzeit oft am Nachmittag zum Bäcker kamen, um ihre Ausbeute in Brotteig zu hüllen und bis zur Abendessenszeit in den Ofen schieben zu lassen, der vom Brotbacken am Morgen noch heiß war. Bis dahin hatten die Trüffel und Quitten in den kleinen Brotnestern Wunder gewirkt, und wenn man sie aus dem Ofen holte und aufschnitt, entströmte ihnen ein unbeschreibliches Aroma.

TRUFFES à la CROQUE du SEL

Trüffel in Brotteig

Mitunter wird bei Bosc nicht über das Bouquet eines Weines diskutiert, sondern über das Aroma einer frischen Trüffel, die aufgeschnitten von Hand zu Hand und von Nase zu Nase gereicht wird, ohne daß einer davon kosten würde. COLETTE, die in der Provence lebte und ihre Romane schrieb, verachtete alles, was mit unnötigen Feinheiten den Eigengeschmack der Trüffeln überdeckte, und alle Köche, die den kostbaren schwarzen Pilz in klebrige Massen von Gänseleber packten oder durch Wild und Gemüse mit schweren braunen Saucen zerstörten. Sicherlich hätte sie das einfache, klassische Gericht von Michel sehr gemocht.

Pro Person

2 Trüffel, jede 30 g schwer, oder 2 schöne Wildpilze, geputzt
ca. 350 g Brotteig (siehe S. 111)
2 kleine Stücke ungesalzene Butter
½ Tl grobes Meersalz

Den Ofen auf 230°/Gas Stufe 8 vorheizen. Den Teig 1 cm dick ausrollen. Jede Trüffel in etwas Teig einwickeln und so lange im Ofen backen, bis der Teig aufgegangen und goldbraun ist. Am Tisch aufschneiden und nach Geschmack Butter und Salz dazugeben.

PAN COUDON

Quittenküchlein

Der köstliche Apfel-Birnen-Geschmack der Quitten hat für die meisten Provenzalen etwas Nostalgisches an sich. Die Früchte werden gekocht und zu Gelees und Bonbons verarbeitet oder auch zum Parfümieren der riesigen Wäscheschränke verwendet, die früher in allen provenzalischen Bauernhäusern zu finden waren. Dieses Rezept, eine wunderbare Art, gekochte Quitten zu genießen (rohe Quitten sind praktisch nicht eßbar), läßt sich auch gut für Äpfel anwenden.

Für 4 Personen

225 ml Honig
225 g Walnüsse, grob gehackt
6 Quitten, Gehäuse entfernt und geschält bis auf ein 1 cm großes Stück am Boden

750 g süßer Brotteig oder
Fougass-Teig (siehe S. 126)
1 Ei, geschlagen
Puderzucker

Den Ofen auf 220°/Gas Stufe 7 vorheizen. Den Honig mit den Walnüssen schmelzen lassen, bis die Nüsse braun zu werden beginnen. Die Quitten mit der Mischung füllen. Den Teig 1 cm dick ausrollen und sechs Kreise ausschneiden. In die Mitte eines jeden Teigstücks eine Quitte legen, mit dem Teig einwickeln, und die Teigenden gut zusammendrücken. Eventuell aus den Teigresten noch Blätter für die Dekoration ausschneiden. Den Teig mit Eigelb bestreichen und 25 bis 30 Minuten im Ofen backen. Mit Puderzucker bestreuen und heiß mit einer Schüssel Sahne servieren. Quitten und Äpfel schmecken auch wunderbar, wenn man sie mit Aprikosenmarmelade füllt.

PAIN aux OLIVES
Olivenbrot

Die Bewohner von Cabrières-d'Avignon können sich glücklich preisen, einen Bäcker alten Stils in ihrem Ort zu haben, der immer noch gern seinen Kunden ein Stück Brotteig über den Ladentisch reicht, in das sie ihre Trüffel oder Quitten einbacken können. Er selbst backt ein knuspriges, saftiges Brot, das auch in Michels Bistrot serviert wird und das dem folgenden gleicht, das reichlich mit reifen schwarzen Oliven gefüllt wird.

Für 2 Laibe

---

2 Päckchen Trockenhefe à 13 g
900 g Mehl (eine Mischung aus ungebleichtem Weißbrotmehl und 2 guten Handvoll durchgesiebtem Buchweizenmehl)
ca. 500 ml lauwarmes Wasser
2 El Olivenöl
450 g schwarze Oliven, entsteint und zerdrückt

Die Hefe und eine Handvoll Mehl in genügend Wasser rühren, damit ein flüssiger Teig entsteht. 1 Stunde ruhen lassen. Den Rest des Mehls im Ofen leicht erwärmen, mit Salz vermischen, und in die Mitte eine Kuhle machen. Die Hefemischung hineingießen und soviel lauwarmes Wasser dazugeben, daß ein feuchter Teig entsteht. Den Teig 10 bis 12 Minuten lang auf einer leicht bemehlten Arbeitsfläche durchkneten, dann in eine große bemehlte Schüssel legen, mit einem feuchten Tuch zudecken und aufgehen lassen. Wenn er sein Volumen verdoppelt hat, wieder auf eine bemehlte Arbeitsfläche legen, mehrmals daraufschlagen und anschließend ausrollen. Das Olivenöl darüberträufeln und einziehen lassen; danach den Teig wieder 10 Minuten lang kräftig kneten. Zu einem Ball formen, in die bemehlte Schüssel legen, das feuchte Tuch wieder darüberdecken und noch einmal so lange gehen lassen, bis sich das Teigvolumen wieder fast verdoppelt hat. Den Ofen auf 230°/Gas Stufe 8 vorheizen. Den Teig halbieren und jede Hälfte auf einem bemehlten Brett zu einem Rechteck ausrollen. Beide Teigplatten mit Oliven belegen, zusammenrollen, und die Oberflächen leicht trocken werden lassen. Die Brotlaibe mit Wasser bestreichen, auf ein heißes Backblech legen und in den Ofen schieben. Nach 15 Minuten die Temperatur auf 190°/Gas Stufe 5 reduzieren und noch ungefähr weitere 45 Minuten

backen lassen, bis ein leichtes Klopfen auf die Kruste eines Brotlaibs ein hohles Geräusch erzeugt. Zum Auskühlen auf ein Kuchengitter legen.

> ALPHONSE DAUDET schreibt in seinem Roman TARTARIN DE TARASCON, daß die Einwohner von Tarascon besonders den Geschmack von gewürzten Birnen schätzten, die in Teig gebacken wurden.

FOUGASSE aux GRATTONS
Provenzalisches Brot mit knusprigen Schweinefleischstückchen

Grattons (in der Provence manchmal auch *Grattelons* genannt) sind kleine, kross gebratene Stückchen Schweinefleisch. Dem folgenden Gebäck verleihen sie einen herzhaften, salzigen Geschmack.

Grattons (für 2 Laibe)

600 g Schweinebrust oder Schweinebauch, in Würfel geschnitten
900 g Schweinespeck, in Würfel geschnitten
150–180 ml trockener Weißwein

Fougasse

½ Brotteig nach dem vorhergehenden Rezept
1 Eigelb, geschlagen

Schweinefleisch, Schweinespeck und Wein auf sehr kleiner Flamme in einem Topf mit schwerem Deckel kochen. Das Fleisch mehrere Male während des Kochens zusammenpressen, um so viel Fett wie möglich herauszudrücken. Nach 1½ bis 2 Stunden durch ein Sieb gießen. Der Sud kann statt Olivenöl zum Kochen verwendet werden, wie es vor 50 Jahren in der Provence allgemein üblich war. Das Fleisch auf großer Flamme kross braten, und das ausgebratene Fett abgießen.
Den Brotteig für die Fougasse zubereiten, und nach dem ersten Aufgehen des Teigs die Grattons hineinmischen. Mit einem Messer den Teig zuerst in der einen und dann in der anderen Richtung durchschneiden. Wieder zu einer Kugel formen, und den Vorgang wiederholen. Die Stücke wieder zusammenkneten, den Teig halbieren, und anschließend zu zwei flachen Laiben formen. Die beiden Brotlaibe mit einem Messer einschneiden – wie es unten auf der Zeichnung zu sehen ist –, und die entstandenen Öffnungen mit den Fingern so weit auseinanderziehen, daß sie sich während des Backens nicht wieder schließen können. Die Oberseiten mit Eigelb einpinseln und auf einem heißen Backblech 30–35 Minuten bei 230°/Gas Stufe 8 backen, bis sie knusprig und goldbraun sind. Warm mit einem bitteren Salat, z. B. aus Chicorée oder Löwenzahn, servieren. Bei beiden Rezepten werden die Brote viel knuspriger, wenn man während des Backens eine Schale mit heißem Wasser auf den Boden des Ofens stellt.

Reste von gutem Brot kann man folgendermaßen verwerten: Jedes Brotstück auf der Ober- und Unterseite mit Olivenöl bestreichen. Mit etwas *Tapenade* (S. 105) oder Tomatencoulis bestreichen, einige Oliven oder Anchovis darauflegen (oder eine Tomatenscheibe, wenn *Tapenade* verwendet wird). Unter den Grill legen oder im Ofen backen, bis die kleinen Toasts Blasen werfen, und mit einem Salat servieren.

Picknick im Lubéron

Cavaillonmelone
Frische Forellen und Krebse
aus der Sorgue
Trüffel aus dem Vaucluse
Muskatellertrauben und Kirschen
Konfitüren von
verschiedenen Früchten
Nougat und kandierte Früchte
aus Apt
Côtes-du-Lubéron als Getränk

Ein himmlischer WEIN

Es ist Oktober, und in dem reichen Weinland rund um Avignon ist die Weinlese bald zu Ende. Aber dennoch muß man aufpassen, um nicht mit einem mit Trauben vollbeladenen Traktor zusammzustoßen, den ein Bauer über die enge Landstraße fährt, ohne auf den Verkehr, auf Geschwindigkeitsbegrenzungen oder Fahrpläne zu achten; er denkt nur an das Mittagessen am heimischen Herd. Die Weine dieser Gegend sind gut: In Séguret, Sablet und Vacqueyras gibt es die kräftigen Côtes-du-Rhône-Villages; in Gigondas die dunkelroten, fast schwarzen Weine, die alle anderen übertreffen, außer dem hervorragendsten (aber auch viel berühmteren) Châteauneuf-du-Pape; westlich von Avignon schließlich produzieren die Orte Lirac und Tavel kräftige Rosés. Eine Flasche Tavel kostet heute zwar nicht mehr nur 12 Sous wie in den Zeiten von Tobias Smollet am Ende des 18. Jahrhunderts, aber dafür ist der Wein auch nicht länger mit ungelöschtem Kalk oder Taubenkot vermischt.

Ende Oktober haben die meisten auswärtigen Weinleser – amerikanische Studenten und sogar Prostituierte aus Marseille – ihre Koffer wieder gepackt und sind abgereist, und die Cafés von Avignon, Orange und Vaison-la-Romaine sind nicht mehr mit Touristen aus dem Norden überfüllt. Aber PAULETTE ANTILOGUS hat in ihrem Garten immer noch große, zuckersüße Tomaten, deren rosafarbener Flaum vergeht, sobald sie gepflückt werden. Dieses Purpurrosa vermischt sich mit den unglaublichen Gelb- und feurigen Rottönen im Laub der Bäume und in den Blättern der Weinstöcke – eine friedliche, verschlafene Landschaft, die Lichtjahre von der nahegelegenen Stadt Avignon entfernt zu sein scheint.

Die relative Beschaulichkeit der Altstadt von Avignon ist von allen Himmelsrichtungen bedroht: von den entsetzlichen Vororten und modernen Fabriken, von den riesigen Wohnsilos und dem wahnsinnigen Verkehr auf der Autobahn Paris-Marseille. Glaubt man den Straßenschildern, dann gibt es außer diesen beiden Städten keine anderen nennenswerten

Ziele. Die Mauern aus dem 14. Jahrhundert, die errichtet wurden, um den Päpsten, die 70 Jahre lang in Avignon residierten, Schutz zu gewähren, halten noch heute die schlimmsten Auswüchse des Fortschritts von der Altstadt fern. An Markttagen aber wird die Stadt von einem gewaltigen Treck von Fahrzeugen aller Art eingekreist, die an Szenen aus alten Western erinnern, wenn von überall her die Planwagen anrollen, um einen Schutzwall gegen den Angriff herbeiströmender Wilder zu bilden.

Avignons große Stunde schlug im Jahr 1309, als ein Papst französischer Abstammung, Johannes XXII., beschloß, den Verbrechen und Morden, die im Rom des 14. Jahrhunderts an der Tagesordnung waren, den Rücken zu kehren. Er verlegte deshalb seinen Hof nach Frankreich und stellte ihn unter den Schutz König Philipps des Schönen. Wenn man dem Dichter PETRARCA glauben darf, haben damals Verbrechen und Morde trotzdem keineswegs abgenommen. Eine Dame aus Avignon, Laura, war Petrarcas große Liebe (eine unerfüllte, tugendhafte Liebe, denn sie war mit einem anderen verheiratet), obwohl er von ihrer Stadt sagte: ». . . das Geld wird angebetet . . . Alles riecht nach Lüge: die Luft, die Erde, die Häuser und vor allem die Schlafzimmer . . .«

Petrarcas kritischen Anmerkungen über die Stadt zum Trotz begann mit der Ankunft der Päpste ein goldenes Zeitalter. Die Bevölkerungszahl wuchs, der Handel florierte und prachtvolle Häuser wurden gebaut (daneben aber auch eine beeindruckende Anzahl von Freudenhäusern). Wenn man sich ein ungefähres Bild davon machen möchte, wie sich Avignon damals von einer hinterwäldlerischen Provinzstadt in eine Papstresidenz verwandelte, muß man nur die Beschreibung des Festbanketts lesen, das anläßlich der Inthronisation von Clemens VI. gegeben wurde, dem Papst übrigens, der teilweise für den

Bau des großartigen Papstpalastes verantwortlich ist. Am 19. Mai 1344 bereiteten Dominikaner folgende Mengen an Fleisch und Teigwaren zu: 118 Ochsen, 1023 Schafe, 101 Kälber, 914 Ziegen, 60 Schweine, 690 Kilo Speck und gepökeltes Fleisch, 15 Störe und 11 971 Stück Geflügel; hinzu kamen 3250 Eier für die Zubereitung von 50 000 Pasteten.

Der Wein, der zu diesem Mahl gereicht wurde, stammte sicher aus der Nachbarstadt Châteauneuf-du-Pape, wo im Jahre 1316 der Vorgänger von Clemens VI. als erster Wein anbauen ließ: »20 *Salmées* Weinberge und Olivenhaine«. Um Châteauneuf und die Städtchen zu erreichen, in den der Côtes-du-Rhône wächst, muß man erst das System der Straßenschilder begriffen haben. Sie sind so verwirrend aufgestellt, daß sie entweder die Fremden von vornherein am Verlassen der Stadt hindern, oder aber die entschlossenen Ausreißer in ein Labyrinth von Landstraßen nach Osten leiten (die übrigens auf keiner Landkarte – selbst mit dem größten Maßstab – zu finden sind), um sie dort dann ihrem Schicksal zu überlassen. Diejenigen aber, die wider Erwarten aus der Papststadt herausfinden und auf die richtige Straße gelangen, werden reichlich belohnt. Um einen ersten angemessenen Eindruck von dieser wunderbaren Gegend zu bekommen, empfiehlt es sich, zu allererst in Beaumes-de-Venise Station zu machen. An einem Marmortisch, der von der Herbstsonne erwärmt ist, genießt man einen gekühlten Aperitif – ein Glas von dem nach Muskattrauben duftenden, bernsteinfarbenen Süßwein der Stadt.

ÉPICES PROVENÇALES

Kräuter der Provence

Trotz gegenteiliger Behauptungen kehrt auch in der Provence der Winter ein, und die Köche müssen auf getrocknete Kräuter zurückgreifen. Das folgende alte Rezept für eine Kräutermischung verleiht allen Gerichten – Auberginen, Fisch usw. – den seltsamen, starken Geschmack, der so typisch für die Provence ist. (Die Gewichtsangaben beziehen sich auf getrocknete Kräuter).

In einem Mörser folgende Kräuter zu Pulver zermahlen: jeweils 25 g Thymian, Serpolet (wilden Thymian), Bohnenkraut, Lavendel, Rosmarin, Lorbeerblätter, Gewürznelken und 1 geriebene Muskatnuß. Gut vermischen und in fest verschließbare Gläser füllen. (Sparsam verwenden, da getrocknete Kräuter ein wesentlich stärkeres Aroma haben als frische).

Le Cuisinier Méridional

Im Jahre 1835 veröffentlichte ein Drucker aus Avignon das Buch LE CUISINIER MÉRIDIONAL, in dessen Vorwort geschrieben steht: »Bis jetzt wurde nur ein einziges Buch über die Küche des Südens geschrieben, das aber für den Durchschnittsbürger viel zu teuer war. Hier veröffentlichen wir nun ein Buch für jedermann mit Rezepten, die wir aus alten hervorragenden Quellen gesammelt haben – und selbst Schüler des berühmten Martel haben uns dabei geholfen und Rezepte beigesteuert.« Dieser ›berühmte Martel‹, der 1762 in Tarascon geboren wurde, war *Traiteur* in Avignon. Er war so angesehen, daß man ihn sogar im entfernten Paris kannte. Die Trauer der Gastronomen über seinen Tod im Jahre 1828 war sehr groß, denn sie befürchteten, daß nun auch der Ruhm Avignons als kulinarisches Zentrum rasch dahinschwinden würde. Aber die Schüler Martels, allen voran Monsieur Suau aus Apt, führten – wenn auch nicht in Avignon, so doch in anderen Städten der Provence – die Tradition der feinen Küche fort. Suau war vor allem wegen seiner zwölf *Petits Pâtés à la Béchamel* berühmt, von denen gesagt wurde: »Es ist besser, dieses Gericht zu kosten und nur eine Stunde zu leben, als zehn weitere Jahre zu leben, ohne es gekostet zu haben.«

BEURRE de PROVENCE ou AIOLI

Provenzalische Butter

Der CUISINIER MÉRIDIONAL schlägt ein ungewöhnliches, aber sehr interessantes Rezept für ein Aïoli vor, bei dem die Eigelb durch süße Mandeln aus der Provence ersetzt werden.

1 große Scheibe Brot, die Kruste entfernt und in lauwarmem Wasser eingeweicht
2 Knoblauchzehen
6 große Mandeln, überbrüht und geschält
1 Eigelb
150 bis 200 ml Olivenöl
Salz und Pfeffer (nach Wunsch)

Das Brot gut ausdrücken und die grünen Keime im Innern der Knoblauchzehen entfernen. Knoblauch, Brot und Mandeln in einem Mörser zu einer glatten Paste zerstampfen. Das Eigelb hineinrühren, damit die Paste cremiger wird, und tropfenweise das Öl dazufügen (wie bei dem Aïoli auf Seite 12). Kein Öl mehr hineingeben, wenn die Paste glatt und glänzend ist. Mit Salz und Pfeffer abschmecken und statt einer Mayonnaise verwenden. Diese *Beurre provençale* paßt wunderbar zu pochiertem, gedämpftem oder gegrilltem Fisch wie Lachs oder Forelle.

THON à la PROVENÇALE SAUCE REMOULADE

Provenzalischer Thunfisch mit Sauce Remoulade

In dicke Scheiben geschnitten und über offenem Feuer gegrillt, hat frischer Thunfisch ein kräftiges, festes Fleisch, das in der Provence schon immer geschätzt wurde. An der Küste zwischen Sète und Marseille werden die ersten Thunfische kaum früher als Anfang Juni gefischt – vorher ist das Wasser noch zu kalt. Die beste Fangzeit liegt zwischen September und Dezember.

Für 4 Personen

1 Thunfischsteak, 500–600 g schwer, ca. 2,5 cm dick
75 ml Olivenöl
1 Lorbeerblatt
30 ml roter oder weißer Essig (möglichst Estragonessig)

Sauce Remoulade

1 Tl frische Petersilie, fein gehackt
2 El Kapern, gut gewaschen und fein gehackt oder zerdrückt
1 Tl Zwiebeln, geschält und fein gehackt
2 gekochte Eigelb
2 Anchovisfilets, gut abgespült
1 Knoblauchzehe, geschält und zerstampft (nach Wunsch)
1 rohes Eielb
Saft von ½ Zitrone (je nach Geschmack)

Zubereitung der Sauce: Petersilie, Kapern, Zwiebeln, Eigelb, Anchovis und Knoblauch (nach Wunsch) zu einer Paste verarbeiten. Das rohe Eigelb dazufügen und tropfenweise das Olivenöl hineinrühren, bis, wie bei einem Aïoli, eine dicke Paste entsteht. Nach Wunsch mit Zitronensaft abschmecken.
Zubereitung des Fisches: Zunächst in kochendem Wasser blanchieren und die Haut abziehen. Das Olivenöl mit den Lorbeerblättern zusammen erhitzen. Den Thunfisch hineingeben, mit Essig beträufeln und mehrmals wenden, bis er auf beiden Seiten leicht gebräunt ist. Zudecken und auf kleiner Flamme simmern lassen, bis er gar ist. Aus der Pfanne nehmen, gut abtropfen lassen und zusammen mit der Sauce Remoulade servieren. Man kann auch noch eine in Scheiben geschnittene Zwiebel dazufügen.
Wenn der Fisch über offenem Feuer gebraten werden soll, muß er vorher 1–2 Stunden lang in Öl, Essig und Lorbeerblättern mariniert werden. Anschließend wird er gegrillt und dabei mehrmals mit Marinade bepinselt, bis das Fleisch zu zerfallen beginnt.
Die Sauce Remoulade paßt zu allen festfleischigen Fischen, besonders zu Lachs.

THON BRAISÉ SAUCE POIVRADE

Gedünsteter Thunfisch mit Pfeffersauce

Im CUISINIER MÉRIDIONAL wird für dieses Rezept statt Thunfisch Stör angegeben und folgendes dazu bemerkt: »Alle Zubereitungsarten des Störs gelten auch für Thunfisch.«

Für 4 Personen

1 Thunfischsteak, 500–600 g schwer, ca. 2,5 cm dick
4 kleine Zwiebeln, geschält und in Scheiben geschnitten
2 Karotten, geraspelt
2 weiße Rüben, geschält und geraspelt
45 ml Olivenöl
1 großes Bouquet garni aus Thymian, Lorbeerblättern und Majoran
Salz und Pfeffer
250 ml Weißwein

Sauce Poivrade

2 Zwiebeln, geschält und in Scheiben geschnitten
2 Karotten, in dünne Scheiben geschnitten
1 Knoblauchzehe, geschält und gehackt
2 Gewürznelken
1 Lorbeerblatt
1 Thymianzweig
2 El Öl oder Butter
1 Messerspitze Mehl
1 Glas Rotwein
1 Glas Wasser
1 El Weinessig
2 El Tomatencoulis (siehe Seite 35)
Salz und viel grob gemahlener schwarzer Pfeffer

Den Thunfisch blanchieren und, wie im vorhergehenden Rezept, die Haut abziehen. In einem großen Topf, in dem alle Zutaten Platz haben, Zwiebeln, Karotten und weiße Rüben in Öl dünsten, bis sie weich sind, aber noch Biß haben. Das Bouquet garni dazufügen, den Thunfisch darauflegen, mit Salz und Pfeffer würzen und mit Weißwein beträufeln. Den Topf schließen und auf kleiner Flamme ungefähr 35–45 Minuten lang simmern lassen, bis der Thunfisch zu zerfallen beginnt.
In der Zwischenzeit die Sauce zubereiten (eine vielseitige Sauce, die zu Fleisch, Fisch und Geflügel serviert werden kann). Zwiebeln, Karotten, weiße Rübe, Knoblauch, Gewürznelken und Kräuter in Olivenöl goldbraun werden lassen. Etwas Mehl darüberstreuen und eine Minute lang umrühren. Wein, Wasser und Essig dazugießen und alles zusammen 30 Minuten lang simmern lassen. Anschließend den Tomatencoulis hineinrühren und nochmals 10 Minuten lang kochen. Die Sauce entfetten und durch ein Sieb passieren. Mit Salz und viel frisch gemahlenem Pfeffer abschmecken.
Den Thunfisch auf einer vorgewärmten Servierplatte anrichten, und die mitgekochten, fein geschnittenen Gemüse um den Fisch herum garnieren. Den Sud auf die Menge von einigen Eßlöffeln reduzieren und in die Poivrade rühren. Über den Thunfisch gießen und sofort servieren.

Châteauneuf-du-Pape

In den LETTRES DE MON MOULIN erzählt ALPHONSE DAUDET von einem Papst in Avignon, der sich jeden Sonntag abend nach der Vesper in die Sonne setzte und eine Flasche Wein entkorkte – »diesen ausgezeichneten rubinroten Wein, der Châteauneuf-du-Pape genannt wird«. Dieser Wein ist heute in der ganzen Welt bekannt, und in der Stadt gleichen Namens sieht man wahrscheinlich mehr Schilder mit der Aufschrift ›Vente au détail – Dégustation‹ als irgendwoanders in der Provence. Im Herbst kommt es oft zu Verkehrsstaus, wenn die Weinbauern, die typischen flachen Mützen auf dem Kopf, ihre vollbeladenen Traktoren zu den Keltern fahren, und die Luft selbst wird trunken von dem modrig-süßen Geruch der frisch gepreßten Trauben. Vom Restaurant LA MULE DU PAPE aus, das an einer Straßenkreuzung gelegen ist, kann man den Strom der mit Trauben beladenen Wagen beobachten, der, aus den Weinbergen kommend, vorbei am Brunnen im Ort verschwindet. Das 1930 eröffnete Restaurant war zunächst ein Bistrot, bevor daraus ein Landgasthof wurde, in dem die Speisen von der Mutter des derzeitigen Besitzers zubereitet werden. Zur gleichen Zeit gründeten damals andere geschäftstüchtige Familienmitglieder eine Nougatfabrik in Montélimar und eine Weinhandlung in Châteauneuf.

GIGOT d'AGNEAU et ses TARTELETTES

Lammkeule mit kleinen Knoblauchtörtchen

Eine Lammkeule ist in der Provence zu Ostern der traditionelle Festtagsbraten, ähnlich wie in Amerika der Truthahn zu Weihnachten. Auch an Sonntagen steht die Lammkeule häufig auf den Speisekarten der provenzalischen Restaurants. Die Anchovis- und Knoblauchstückchen, die zum Spicken des Lammfleischs verwendet werden, gehören zum traditionellen Rezept ebenso wie die ganzen Stengel Salbeiblätter, die man früher in den Bratenjus tauchte, um anschließend damit das Lamm zu bepinseln. Im MULE DU PAPE bestreicht der Küchenchef jede Scheibe Lammfleisch mit mehreren Löffeln eines cremigen Pürees aus gekochtem Knoblauch. Das betäubend duftende Knoblauchmus wird manchmal auch in kleine vorgefertigte Blätterteigpastetchen gefüllt und zusammen mit dem gebratenen Lammfleisch auf einer Platte serviert.

Für 6 Personen

1 Lammkeule
2 Knoblauchzehen, in Stifte geschnitten
5 oder 6 Anchovis, in Stücke geschnitten
Olivenöl
Salz und frisch gemahlener schwarzer Pfeffer
10 ganze Knoblauchknollen
3 El Sahne
1 El Tomatenmark
6 kleine vorgefertigte Blätterteigpastetchen

Den Ofen auf 230°/Gas Stufe 8 vorheizen. Die Lammkeule ringsherum mit einem spitzen Messer tief einritzen und die Knoblauch- und Anchovisstückchen in die Schlitze stecken. Das Lamm mit Olivenöl bepinseln und mit etwas Salz und viel frisch gemahlenem Pfeffer einreiben. Die ganzen Knoblauchzehen in Folie wickeln und neben die Lammkeule auf einen Rost über die Gemüse legen (siehe nächstes Rezept), so daß der Bratensaft durch den Rost auf die Gemüse tropfen kann. Die Lammkeule zunächst 10 Minuten lang bei sehr hoher Temperatur anbraten, dann den Ofen auf 190°/Gas Stufe 5 herunterschalten und ungefähr 15 bis 20 Minuten pro ½ kg Fleisch braten lassen, eventuell auch kürzer oder länger, je nach Geschmack. Der Braten sollte an einem warmen Ort 20 Minuten lang ruhen, bevor er aufgeschnitten wird. In der Zwischenzeit die Sauce zubereiten. Mit einer Messerspitze in die Knoblauchzehen stechen. Falls sie noch nicht ganz zart sind, 5 bis 7 Minuten lang in kochendes Wasser legen. Anschließend die Würzelchen der Knoblauchknollen abschneiden und den Knoblauch in eine Schale passieren. Die Paste mit 5–6 El Bratenjus, der Sahne und dem Tomatenmark solange zusammenschlagen, bis die Mischung eine cremige Konsistenz hat. (Wenn die Knoblauchknollen noch zusätzlich gekocht werden mußten, kann etwas Kochflüssigkeit zum Verdünnen der Sauce, falls notwendig, verwendet werden). Mit viel Pfeffer und möglicherweise auch etwas Salz würzen. Etwas Sauce in die warmen Blätterteigpastetchen geben, auf einer Platte um den Lammbraten anordnen und heiß servieren.

TIAN de POMMES de TERRE

Kartoffel-Tomaten-Gratin

Diese Methode, knusprige und aromatische Kartoffeln unter einem Braten zuzubereiten, läßt sich auch gut auf Zucchini anwenden. Dieser Gratin erhält seinen besonderen Geschmack von den frischen Lorbeerblättern, die zwischen die Gemüse gesteckt werden. Wenn der Braten nur klein ist, müssen die Gemüse schon vor dem Fleisch in den Ofen geschoben werden.

Für 6 Personen

- 6 mittelgroße Kartoffeln, geschält und in dünne Scheiben geschnitten
- 6 mittelgroße Tomaten, in Scheiben geschnitten
- 4–6 frische Lorbeerblätter, der Länge nach in Streifen geschnitten
- frischer Thymian, fein gehackt
- Salz und schwarzer Pfeffer
- 3–4 El kaltes Wasser
- 150 ml Brühe

Abwechselnd Kartoffel- und Tomatenscheiben leicht überlappend in einer Schicht auf ein gut geöltes Backblech legen. Die Lorbeerblattstreifen zwischen Tomaten und Kartoffeln stecken und den frischen Thymian darüberstreuen. Mit Salz und Pfeffer würzen und mit kaltem Wasser beträufeln. Direkt unter den Braten in den Ofen schieben. Nach 30 Minuten die Brühe über die Gemüse gießen und mehrmals das Fleisch mit dem Bratenjus begießen. Das fertige Gratin direkt vom Backblech servieren.

CAFE

CAILLETTES
Spinat-Schweinefleisch-Terrine

Im MULE DU PAPE beginnt man das Essen mit Scheiben einer würzigen *Caillette*, einem Mittelding zwischen Wurst und Terrine, die überall in der Vaucluse bekannt ist. Das Wort leitet sich aus dem provenzalischen *gaio* ab, was Schweinebries bedeutet, aber heutzutage werden *Caillettes* normalerweise aus Schweinelebern zubereitet.

Die angegebenen Zutaten reichen für 12–18 kleinen Caillettes, die heiß serviert werden, oder für 2 große, die man wie eine Terrine kalt auftischt.

1½ kg Spinat, Mangold oder Chicorée
500 g Schweineleber, grob gehackt
500 g Schweinebauch, grob gehackt
500 g mageres Schweinefleisch, grob gehackt
1 Zwiebel, fein gehackt und in Olivenöl weichgedünstet
1 gute Handvoll Petersilie, fein gehackt
10 Wacholderbeeren, zermahlen (nach Wunsch)
½ Tl Muskatnuß
Salz und Pfeffer
1 kleines Weinglas Schnaps oder Cognac
Schweinenetz (oder Streifen von unge räuchertem Speck
30 ml trockener Weißwein
12 Salbeiblätter

Den Spinat waschen und kurz in kochendem Wasser blanchieren. Abtropfen lassen, mit kaltem Wasser abspülen und soviel Flüssigkeit wie möglich herausdrücken. Fein hacken und mit allen Zutaten außer dem Schweinenetz, dem Weißwein und den Salbeiblättern gut vermischen. Aus der Mischung 2 große oder 12–18 kleine Würste formen, und jede in ein Stück Schweinenetz (oder Speck) einwickeln, das vorher in lauwarmem Wasser ½ Stunde lang eingeweicht wurde. Den Wein in eine flache Auflaufform gießen, in der alle Caillettes nebeneinander Platz haben. Die Caillettes hineinlegen, und jede einzelne Wurst mit einem Salbeiblatt verzieren, bzw. die Salbeiblätter nebeneinander auf die großen Caillettes legen. 45–60 Minuten lang backen, die ersten 20 Minuten bei 230°C/Gas Stufe 8 und die restliche Zeit bei 200°C/Gas Stufe 6. Mehrmals mit dem Wein begießen. Wenn die Caillettes zu trocken werden, d. h. zuviel Flüssigkeit verdampft ist, einige Eßlöffel warmes Wasser dazufügen. In Scheiben geschnitten kalt servieren mit einer *Salade de Mesclun* (Salat aus verschiedenen Blattsalatarten; Spezialität in Nizza) oder einem Endiviensalat mit Knoblauch (siehe Seite 130) oder heiß mit einem Kichererbsenpüree, das mit dem Wein der Caillettes (auf großer Flamme eingekocht) vermischt wird.

Es ist ratsam, sich mit einem guten Metzger anzufreunden. Er ist unbezahlbar und erspart Ihnen Zeit und Mühe, wenn Sie nach besonderen Zutaten wie zum Beispiel dem oben verwendeten Schweinenetz suchen. Das ist eine dünne, spitzenartige Membran aus den Innereien des Schweins, die die provenzalischen Würste und Terrinen saftig, aber nicht fett macht, wie es bei der Verwendung von Speck der Fall ist. Schweinenetz sollte immer in lauwarmem Salzwasser eingeweicht und dann so dünn wie möglich auseinandergezogen werden.

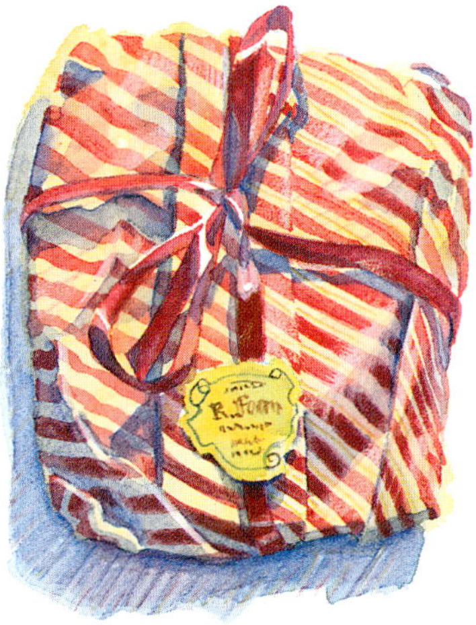

Vaison-la-Romaine besteht in Wirklichkeit aus drei Städten: einer römischen, die noch verhältnismäßig gut erhalten ist, einer mittelalterlichen, die sich an einem bewaldeten Hügel bis zu einer Burg aus dem 12. Jahrhundert hinaufzieht und einer neuzeitlichen aus dem 18. und 19. Jahrhundert. Zu römischer Zeit war Vaison eine der reichsten Kolonien in der Provence, in der Schriftsteller und Kaufleute lebten. Die Überreste ihrer Häuser, Läden und Gärten sind heute noch zu sehen. Auf dem Platz im Zentrum der modernen Stadt steht wie überall ein Springbrunnen, an dem immer ein Mann je nach Jahreszeit *Brochettes* (kleine Fleischspießchen), Crêpes oder heiße Maronen verkauft. Dort liegen auch die vielen Straßencafés, deren Anzahl im Winter – selbst für die Provence – viel zu groß zu sein scheint, die aber im Sommer alle überfüllt sind.

FOUGASSE

Süßes provenzalisches Fladenbrot

An einer Ecke dieses Platzes befindet sich ein ausgezeichneter Bäcker, der wunderbar verzierte Brote und auf Wunsch auch geflochtene Brotherzen backt, die hübsch als *Paquets cadeaux* eingepackt werden. Hier gibt es auch die *Fougasse*, ein merkwürdig geformtes Brot, das manchmal mit Orangenblütenwasser (wie in dem folgenden Rezept) parfümiert, meist aber mit Speck-, Zwiebel-oder Anchovisstücken, die in den Teig eingearbeitet werden, gewürzt wird.

25 g frische Hefe
500 g kräftiges weißes Brotmehl, durchgesiebt
2 El Organensaft, lauwarm
200 g Puderzucker
4 El Olivenöl
2 Eier, geschlagen
eine Prise Salz
1 El Fenchelsamen (nach Wunsch)

Hefe, 5–6 El Mehl und Orangensaft in eine Schüssel geben und unter Zugabe von genügend lauwarmem Wasser gut vermischen, bis ein weicher Teigball entstanden ist. Die Oberfläche des Teigballs tief einschneiden und an einem warmen Ort gehen lassen. Wenn der Einschnitt nicht mehr zu sehen ist, das restliche Mehl in eine große Schüssel geben, in der Mitte eine Kuhle machen und alle Zutaten (außer dem Fenchel) einschließlich des Hefevorteigs hineingeben. Mit einer Gabel und den Fingern einer Hand alle Zutaten gut miteinander vermischen. Den Teig auf ein leicht bemehltes Brett legen und folgendermaßen zu kneten beginnen: Den Teig zu einer Kugel formen, im Uhrzeigersinn drehen und dabei immer wieder flachdrücken. 10 Minuten lang auf diese Weise kneten, dabei gelegentlich hochnehmen und auf das Brett schlagen, bis er fest und elastisch ist und nicht mehr kleben bleibt.

Den Teig in eine Schüssel legen und 3 Stunden lang bei Zimmertemperatur gehen lassen. Herausnehmen, leicht zusammendrücken und noch einige Minuten lang kneten, um alle Luftblasen herauszudrücken. Anschließend den Teig in 4 Teile aufteilen. Jedes Teigstück 1 cm dick ausrollen und zu einem Oval formen, auf ein eingeöltes Backblech legen, jeweils sechsmal kreuzweise einschneiden (siehe die Zeichnung auf Seite 113), und die Schlitze so auseinanderziehen, daß sie sich beim Backen nicht wieder schließen können. Mit einem Tuch zudecken und an einem warmen Platz 1 Stunde lang aufgehen lassen. (Beim Backen geht der Teig noch weiter auf). Mit Fenchelsamen bestreuen und im vorgeheizten Ofen bei 200°C/Gas Stufe 6 backen lassen, bis die Fougasses eine goldbraune Farbe angenommen haben. Wenn sie während des Backens eine Schale mit heißem Wasser unten in den Backofen stellen, werden die Brote noch knuspriger.

· Markt in Vaison ·

Am Dienstagmorgen verwandelt sich die ganze Stadt Vaison – die römischen Ruinen ausgenommen — in einen großen Markt. Händler, die durch die Gegend reisen, haben ihre Stände aufgeschlagen, Monsieur Grigodot aus Nyons verkauft Gemüsetorten, die er auf seinem Bauernhof selbst zubereitet hat und direkt um die Ecke fritiert der Spanier Carlos *Churros* (ein spanisches Ölgebäck), die er in Papierhörnchen den geduldig wartenden Kindern überreicht, so wie er es am Donnerstag auf dem Markt in Nyons tut. Auf einigen Ständen sind die verschiedensten Käsesorten aus allen Gebieten Frankreichs gestapelt, und wenn auch die Provence keine besonders käsereiche Gegend ist (nur Schafs- und Ziegenkäse werden hier produziert), so gibt es dennoch auch hier einige Spezialitäten, den echten *Banon* aus dem Dorf gleichen Namens, ein in Kastanienblätter eingewickelter und mit einem Bastfaden zusammengebundener Ziegenkäse, und den *Picodon*, ebenfalls ein Ziegenkäse, der aus dem nahegelegenen Drôme stammt.

PICODONS à l'HUILE

Ziegenkäse in Olivenöl mit Kräutern

Der kleine *Picodon*, der so hart wie ein Gummiball ist, eignet sich am besten für die provenzalische Spezialität *Chèvres à l'huile*. Er wird manchmal bis zu einem Jahr in Olivenöl und Käutern eingelegt, was ihn zar-

ter, weicher und aromatischer macht.

---

1 Knoblauchzehe
3 sehr kleine Schalotten oder Zwiebeln
6–8 kleine Ziegenkäse (möglichst ganz harte, vorzugsweise Picodon)
1 Zweig frischer Fenchel, Rosmarin, Estragon und Thymian
1 El Wacholderbeeren
2 rote Chilis (Pfefferschoten), halbiert und entkernt
3–4 Lorbeerblätter
750 ml gutes Olivenöl

Knoblauchzehen und Schalotten auf den Boden eines Einweckglases mit großer Öffnung legen. Die Ziegenkäse darauf anordnen, und die Kräuterzweige dazwischenstecken. Wacholderbeeren, Chilis und Lorbeerblätter in einem dekorativen Muster an den Seiten in das Glas schieben und die Käse ganz mit Olivenöl bedecken. Das Glas fest verschließen und die Käse mindestens einen Monat lang an einem kühlen Ort marinieren. Mit knackigen bitteren Salaten und knusprigem Brot servieren.

Mas de Bouveau

Zwischen den römischen Ruinen von Vaison und Orange verlieren sich allmählich die Ausläufer des Mont Ventoux, und die Ebene von Orange, ein riesiges Weinanbaugebiet, dehnt sich kilometerweit zu seiten der schnurgeraden Straße aus, die wahrscheinlich schon Hannibal mit seinen Elefanten bei seinem denkwürdigen Zug nach Italien im Jahr 218 v. Chr. benutzt hat. Mitten in der Ebene taucht unvermittelt das Restaurant MAS DE BOUVEAU auf, in dem der junge Küchenchef *Picodons à l'huile* (siehe vorhergehendes Rezept) in *Fromage de chèvre grillé sur salade* verwandelt.

FROMAGE de CHÈVRE GRILLÉ sur SALADE

Gegrillter Ziegenkäse auf einem Salatbett

Dieses Gericht schmeckt wunderbar zusammen mit einem bitteren Salat, zum Beispiel aus jungen Löwenzahnblättern (die im Französischen *pissenlits* heißen, was ›ins Bett machen‹ bedeutet, um auf die harntreibenden Eigenschaften des Löwenzahn hinzuweisen) oder mit einer Salatmischung, in der Provence *Mesclun* genannt, die man im Herbst und Winter auf dem Markt findet, und die sich normalerweise aus einem Viertel Roquette (Rauke), einem Viertel Radicchio, einem Viertel jungen Löwenzahn und einem Viertel Endivien- oder Feldsalat zusammensetzt.

Für 6 Personen

1 Kopf Endiviensalat, Löwenzahnblätter oder Mesclun
2 Knoblauchzehen, geschält und fein gehackt
75–100 ml Olivenöl
6 kleine Ziegenkäse in Öl (siehe S. 129)

oder 6 kleine frische Ziegenkäse
6 leicht getoastete Scheiben Baguette (die etwas größer sein sollten als die Käse)
Schwarzer Pfeffer

Den Salat waschen, abtrocknen und auf 6 Teller verteilen. Den Knoblauch in Olivenöl dünsten, bis er zart und leicht gebräunt ist. Inzwischen die Käse auf die getoasteten Brotscheiben legen und 5 Minuten lang unter einen sehr heißen Grill schieben. Die gegrillten Käse auf die Salatteller verteilen und jeweils etwas heiße Knoblauchsauce darübergießen. Mit schwarzem Pfeffer würzen und sofort servieren.

BROCHETTES de ROGNONS d'AGNEAU

Kleine Spießchen mit Lammnieren

Neben Kaninchen, einer Spezialität im MAS DE BOUVEAU, gibt es dort auch gegrillte Lammnieren – ein Rezept, das so alt ist wie die Holzkohlenfeuer in der Provence. Früher bereiteten die Köche die Lammnieren über einem Feuer aus dem Holz von Weinstöcken zu oder wickelten sie vor dem Grillen in Weinblätter ein.

Für 6 Personen

12 Lammnieren
700 g ausgelöste hohe Rippe oder Schweinenacken, in 2 cm große Würfel geschnitten
2 rote Paprikaschoten
2 grüne Paprikaschoten
6 Schalotten, geschält und halbiert
1 große Knoblauchzehe, zerdrückt
Salz und Pfeffer
4–5 El Olivenöl
genügend Weinblätter, um jede Niere vollständig einzuwickeln

Die durchsichtige Außenhaut von den Lammnieren entfernen, die Nieren der Länge nach halbieren und den inneren Teil entfernen. Die beiden Hälften noch einmal halbieren. Die Paprikaschoten entkernen und in 2,5 cm große Stücke schneiden. Außer den Weinblättern alle Zutaten zusammenmischen und mehrere Stunden marinieren. Die Weinblätter vor dem Grillen 20 Minuten lang in heißem Wasser einweichen. Die Lammnieren sorgfältig in die Weinblätter einwickeln. 6 Spießchen abwechselnd aus Fleisch und Gemüsen zusammenstellen. 20 Minuten lang grillen, dabei mehrmals wenden und mit der Marinade einpinseln.

PETITS OISEAUX GRILLÉS

Gegrillte Kleinvögel

In der provenzalischen Küche werden nur sehr selten Weinblätter verwendet. Dieses Rezept stammt aus einem alten Kochbuch aus Vaison. Obwohl es ursprünglich nur für sehr kleine Vögel gedacht war (wie z. B. Krammetsvögel und Fettammern), eignet es sich auch vorzüglich für Stubenküken, Auerhähne, Wachteln oder Perlhühner.

Für jeden Vogel

2 Knoblauchknollen
1 Fenchelzweig
1 Handvoll Semmelbrösel
1 El zermahlene Fenchelsamen
Salz und Pfeffer
Olivenöl
Weinblätter
2 Scheiben magerer Speck
1 Handvoll Trauben, enthäutet und entkernt

Nachdem die Vögel gerupft und ausgenommen wurden, die Innenseiten mit einem feuchten Tuch auswischen und trocknen. Mit den ganzen Knoblauchknollen (nach Wunsch) und den Fenchelblättern füllen und gut zunähen. Semmelbrösel und Fenchelsamen vermischen und mit Salz und Pfeffer würzen. Jeden Vogel mit Olivenöl bepinseln und in der Semmelbröselmischung wälzen. Mit Weinblättern und Speck umwickeln und mit Küchengarn zusammenbinden. Die Vögel unter mehrmaligem Einpinsen mit Olivenöl solange grillen, bis der beim Einstechen in den dicksten Teil eines Vogelbeins austretende Bratensaft durchsichtig ist. Knoblauch und Fenchelblätter aus den Vögeln entfernen. Ein wenig Olivenöl erhitzen, die Weintrauben dazufügen und einige Minuten lang unter ständigem Umrühren dünsten. Mit Salz und Pfeffer würzen und in einem getrennten Gefäß zu den gegrillten Vögeln servieren.

FLAN de POMMES d'AMOUR

Flan mit Zucchini und Tomaten

Dieser Flan mit grünen Zucchini und roten Tomaten ist eine wunderbare Beilage zu gebratenem Fleisch und Geflügel.

Für 4 Personen

2 Zucchini, in 5 mm dicke Scheiben geschnitten
2 Eier und 2 Eigelb zusätzlich
1 El Tomatencoulis
2 El Crème fraîche
2 Tl frischer Estragon, grob gehackt
Salz und schwarzer Pfeffer
2 feste, reife Tomaten, in 5 mm dicke Scheiben geschnitten

Den Ofen auf 180°/Gas Stufe 3 vorheizen. Eier, Tomatencoulis, Sahne, Estragon, Salz und Pfeffer zusammenschlagen. 4 kleine Gratinformen aus Metall einfetten und schichtenweise abwechselnd Zucchini und Tomaten darin anordnen. Die Eier-Sahne-Mischung darüber verteilen und in der Grillpfanne oder einer niedrigen Backform im Wasserbad ca. 25–30 Minuten garen, bis der Flan festgeworden ist. Aus den Gratinformen auf die Teller stürzen und sofort servieren.

LE GAULOIS
RICARD
ANISETTE
CUISINE
PROVENÇALE
Du Cochon Roti,
vive la Peau,
étant chaud.

Antilogus

PAULETTE ANTILOGUS ist eine winzige Frau um die Sechzig von scheinbar zerbrechlicher Gestalt. Jeden Tag während der Weinernte arbeitet sie mit ihrem Mann draußen in den Feldern und bereitet ihm dann abends nach der Heimkehr noch ein gutes traditionelles Essen zu. Immer hat sie mit ihrer Familie in dem großen alten Bauernhof gewohnt, von dem aus man über die Weingärten hinweg zu der römischen Stadt Vaison hinüberblickt und dahinter im blauen Dunst die kahle Spitze des Mont Ventoux liegen sieht. In dem angrenzenden Weingut leben ihre Schwester und Schwager. Die Schwester ist eine ebenso angesehene Köchin wie Paulette und der Schwager – ebenso wie Paulettes Mann – ein inspirierter Hersteller von aromatisierten Weinen. Beide produzieren unter anderem Orangenwein, Nußwein (aus frischen grünen Walnüssen) und den heimtückischen *Farigoule* auf der Basis von wildem Thymian.

VIN d'ORANGE

Orangenwein

Vin d'Orange wird wie die meisten Süßweine in der Provence als Aperitif serviert. Er ist auch das traditionelle Getränk zu Weihnachten und Neujahr.

(Dieses Rezept sollte ungefähr 4–5 Flaschen Wein ergeben, was natürlich von der Saftigkeit der verwendeten Orangen abhängt. Man kann die angegebenen Mengen halbieren, aber es lohnt die Mühe, mehr Wein zuzubereiten und altern zu lassen.)

1½ Liter roter Côtes-du-Rhône (nicht mehr als 11,5 % oder 12 % Alkohol)
5 große Orangen, geviertelt
1 Zitrone, in 1 cm dicke Scheiben geschnitten
1 Vanilleschote
½ Tl gemahlene Muskatnuß
ca. 280 g Kristallzucker
250 ml Obstbranntwein, Schnaps oder 80 %igen reinen Alkohol

Zitrone, Orangen, Muskatnuß und Vanilleschote mit dem Rotwein in einen großen Glasbehälter füllen. Gut verschließen und 40 Tage lang stehenlassen. Anschließend durch Gaze oder Musselin filtern und 100 g Zucker pro 1 Liter Flüssigkeit hinzufügen. Den Zucker auflösen und erst dann den starken Alkohol dazugießen. Wieder fest verschließen und mindestens einen Monat lang stehenlassen. Der Wein sollte an einem kühlen, dunklen Ort aufbewahrt werden. In 3–4 Jahren reift er zu einem sherry-ähnlichen Getränk heran.

Zubereitung eines Liqueur de Farigoule (*farigoule* ist das provenzalische Wort für Thymian): Eine saubere Weinflasche zu Dreiviertel mit frischem Thymian füllen. Mit Alkohol bedekken wie im vorhergehenden Rezept, fest verkorken und 2 Monate lang stehenlassen. Anschließend 100 g Zucker mit ¼ Liter Wasser kochen, bis eine sirupartige Flüssigkeit entstanden ist. Den Alkohol filtern und mit dem Sirup vermischen. In eine 1 Liter fassende Flasche füllen, verkorken und 2 Monate reifen lassen.

AUBERGINES à la MARGUERITE

Auberginen, wie eine Margerite arrangiert

Einer der angenehmsten Aspekte eines provenzalischen Essens ist die Abfolge kleiner Gerichte, die getrennt serviert werden, wie z. B. das oben abgebildete, bei dem Paulettes Schwester Auberginenscheiben wie die Blütenblätter einer Margerite auf dem Teller arrangiert.

Für 4 Personen

- 2 große Auberginen, der Länge nach in 1,5 cm dicke Scheiben geschnitten
- Olivenöl zum Fritieren
- 4 Knoblauchzehen, geschält und fein gehackt
- 1 gute Handvoll frische Petersilie, fein gehackt
- 4–5 große süße Tomaten, geschält, entkernt und zerkleinert
- 4 El Sahne
- 6–8 El frisch geriebener Gruyère
- Salz und Pfeffer

Die Auberginenscheiben in siedendem Olivenöl auf beiden Seiten schmoren, bis sie goldbraun und mürbe sind. Gut auf Küchenkrepp abtropfen lassen. Den Knoblauch in die Pfanne geben (eventuell noch etwas Olivenöl dazufügen, falls die Auberginen zuviel aufgesaugt haben) und zusammen mit etwas Petersilie dünsten, bis der Knoblauch weich und ebenfalls goldbraun geworden ist. Die Tomaten dazufügen und zu einem dicken Püree einkochen lassen. Den Käse hineinrühren und so lange kochen, bis er sich aufgelöst hat. Anschließend die Hitze reduzieren, die Sahne hineingießen und mit Salz und Pfeffer abschmecken. Die Tomatenmischung und die Auberginenscheiben im Kühlschrank erkalten lassen. Die Auberginenscheiben in Form einer Margeritenblüte auf einem großen Teller anrichten. Auf jede Scheibe etwas von der Tomatenmischung geben und mit der restlichen Petersilie bestreuen. Wie einen Sommersalat servieren.

RÔTI de LAPIN avec ses PETITES SAUCISSES

Gebratenes Kaninchen mit eigenen Würstchen

In der Provence wächst der wilde Thymian in solch verschwenderischer Fülle, daß der provenzalische Dichter Aubanel in schieres Entzücken ausbrach, als er feststellte, daß die Füße der Schäferinnen lieblich nach Thymian dufteten, weil sie tagaus, tagein barfuß durch die Felder liefen. Weniger von poetischem als von kulinarischem Interesse ist, daß die Kaninchen, die sich hier regelmäßig von *Thymus vulgaris* ernähren, nicht noch zusätzlich mit diesem Kraut gewürzt werden müssen. Wie dem auch sei, das Rezept von Paulette verleiht auch dem fadesten Kaninchen aus dem Norden einen wunderbar würzigen Geschmack.

Für 4 Personen

1 frisches, nicht gefrorenes Kaninchen von 2–2,2 kg Gewicht oder 2 Kaninchen von je 1 kg Gewicht

Marinade

300 ml Rotwein
3 Lorbeerblätter
2 El Olivenöl
3 Knoblauchzehen, zerdrückt
1 mittelgroße Zwiebel, fein gehackt

Füllung

1 El Cognac
1 Handvoll Semmelbrösel, in Milch eingeweicht und gut ausgedrückt
1 Knoblauchzehe, zerdrückt
75 g Pilze, fein gehackt
1 Zwiebel, fein gehackt
Olivenöl
1 kleine Handvoll Mangold oder Spinat, kurz aufgekocht und fein gehackt
50 g frischer Speck, ganz klein geschnitten
150 g Fleischwurst, ganz fein gehackt
50 g mageres Kalbs- oder Rinder hack
Leber und Herz vom Kaninchen, fein gehackt (wenn erhältlich)
1 Ei, geschlagen
1 kleine Handvoll Thymian, fein gehackt
1/4 Tl Muskatnuß
Salz und Pfeffer

Zum Braten

1 El grobkörniger Senf
einige Zweige frischer Thymian
genügend dünne Speckscheiben, um das Kaninchen damit einzuwickeln
Salz und Pfeffer

Das Kaninchen mehrere Stunden lang marinieren und dabei mehrmals umdrehen. Den Ofen auf 220°/Gas Stufe 6 vorheizen. Cognac, Semmelbrösel und Knoblauch vermengen, Pilze und Zwiebel in Öl weichdünsten. Alle Zutaten für die Füllung gut miteinander vermischen. Das Kaninchen aus der Marinade nehmen (die Marinade aufbewahren), abtrocknen und locker füllen. (Nicht zu vollstopfen, da es sonst nicht durchbrät!) Die Öffnung zunähen, und die Haut mit Senf einreiben. Die Thymianzweige direkt auf die Haut des Kaninchens legen und anschließend mit Speckscheiben einwickeln. Mit Salz und Pfeffer würzen und ungefähr 1½ Stunden braten, bis der Bratensaft, der beim Anstechen austritt, ganz klar ist. Alle 20 Minuten den Braten mit dem eigenen Saft begießen und, wenn notwendig, noch Marinade dazufügen.
Das Kaninchen aus dem Ofen nehmen und nach Entfernen der Füllung warmstellen. Die Füllung etwas abkühlen lassen, zu kleinen Würsten formen und um den Braten herumlegen. (Wenn das Kaninchen kalt serviert werden soll, jeweils einige Löffel Füllung auf ein Stück Pergamentpapier geben, zu einer Rolle wickeln, in den Kühlschrank legen und aufschneiden, wenn die Füllung fest geworden ist.) Falls das Kaninchen . heißt serviert werden soll, alles überschüssige Fett aus dem Bräter abschöpfen, die gefilterte Marinade dazugießen und solange einkochen lassen, bis die Sauce eine sirupartige Konsistenz hat. Die fertige Sauce über den Braten geben und zusammen mit einem knackigen bitteren Salat aus Löwenzahn oder Chicorée servieren.

Séguret

Das Restaurant La Table du Comtat, das in eine Felswand an einem engen Bergsträßchen gebaut ist, gewährt seinen Gästen einen wunderbaren Ausblick über Séguret und die Weingärten in der Ebene von Orange. An Sonn- und Feiertagen drängen sich an den Tischen Winzer aus der Gegend und Gäste, die von Mal zu Mal anspruchsvoller werden. Obwohl sich die Speisekarte inzwischen mehr und mehr dem verfeinerten Geschmack dieser Kunden anpaßt, finden sich doch darunter noch immer einige traditionelle provenzalische Gerichte.

PAPETON d'AUBERGINES

Päpstliche Auberginen

Dieses Gericht ist eine sanfte Auberginenmousse, wie man sie oft in provenzalischen Häusern auf der ausgebleichten Tischdecke stehen sieht. Die einzige dekorative Beigabe ist ein voller Löffel Tomatensauce, den man über die Mousse gießt. Im Restaurant La Table du Comtat verleiht man dem *Papeton* einen Hauch von Eleganz, den die Päpste sicher geschätzt hätten: Er wird hier mit einem köstlichen Püree aus roten Paprikaschoten serviert. Das folgende Rezept ist eine Kombination aus dem einfachen ländlichen Rezept und dem in der Präsentation etwas eleganteren im Table du Comtat.

Für 6 Personen

900 g Auberginen
Salz und Pfeffer
3–4 El Olivenöl
4 El Gruyère, gerieben
½ Tl Muskatnuß, gerieben
2 El Zitronensaft
10 cm langer Streifen Zitronenschale
150 ml Milch
2 Eier und 2 Eigelb extra
45 ml Crème double
Butter

Den Ofen auf 180°/Gas Stufe 4 vorheizen. Die Auberginen schälen und in Scheiben schneiden. In ein Sieb geben, leicht mit Salz bestreuen und 1 Stunde lang stehenlassen. Mit Küchenkrepp trocken tupfen und anschließend in Olivenöl in einer Pfanne, in der die Speisen nicht haften bleiben, ungefähr 25 Minuten bakken, bis sie mürbe sind. Die Auberginenscheiben saugen das Öl rasch auf, aber es ist nicht notwendig, noch mehr zuzufügen. Sobald die Auberginen fertig sind, aus der Pfanne nehmen und abkühlen lassen. Anschließend durch ein Sieb passieren oder mit einem elektrischen Mixer pürieren. Mit Käse, Muskatnuß und Zitronensaft vermischen. Milch und Zitronenschale bis kurz vor dem Siedepunkt erhitzen und über die Eier gießen; dabei kräftig rühren. Mit dem Käse vermengen und vorsichtig unter die Auberginen ziehen, mit Salz und Pfeffer abschmecken und die fertige Mischung in 6 ausgebutterte kleine Auflaufförmchen füllen. Butterflöckchen darauf verteilen und im Wasserbad ungefähr 25 Minuten lang garen, bis der Papeton fest geworden ist. Auf 6 Teller stürzen und mit einem guten Löffel rotem Paprikapüree anrichten.

> Am 1. November, dem Allerheiligentag, beginnt in der Provence der Winter. Früher war es üblich, an diesem Tag die neuen Weine zu entkorken.

PURÉE de POIVRONS ROUGES

Püree aus roten Paprikaschoten

- ½ mittelgroße Zwiebel, fein gehackt
- 1 Knoblauchzehe, geschält und fein gehackt
- 1–2 El Olivenöl
- 3 große rote Paprikaschoten, entkernt und klein gehackt
- 2–3 Stengel frischer Thymian, fein gehackt

- 900 ml Brühe
- Salz und Pfeffer

Zwiebeln und Knoblauch in etwas Olivenöl dünsten, bis sie zart und goldbraun sind. Auf kleiner Flamme Paprikaschoten und Thymian in der Bouillon weichkochen. Herausnehmen und mit der vorher gedünsteten Zwiebel und der Knoblauchzehe zu einem Püree verarbeiten. Mit Salz und Pfeffer abschmecken. Wenn die Sauce flüssiger sein soll, noch etwas Bouillon hineinrühren.

Nyons

Fünfzehn Kilometer nördlich von Vaison-la-Romaine liegt die Stadt Nyons, umgeben von einem Kranz von Bergen, die sie vor den eisigen Böen des Mistrals schützen. Ihr sanftes *›micro-climat‹* (wie es die Einheimischen stolz nennen) ist wahrscheinlich für die ausgezeichnete Qualität ihres Olivenöls verantwortlich, das als eines des besten im *Midi* gilt. Es gibt mehrere Ölmühlen in der Stadt. Eine von ihnen, die Ölmühle AUTRAND, steht in der Nähe einer buckeligen Steinbrücke aus dem 15. Jahrhundert, die sich elegant über den Fluß Eygues wölbt. Ihr verdankt die Mühle auch den Namen HUILERIE DU PONT ROMAN. Direkt am Ende der Straße liegt die großartige, hundert Jahre alte Fabrik LA SCOURTINERIE, in der ALAIN FERT einheimische Produkte verkauft und die weichen kissenförmigen *Scourtins* produziert – Filter aus geflochtenem Hanf, die seit 1882, als sein Großvater die Fabrikationsmaschinen dafür entwickelte, in Oliven-, Apfel- und Honigpressen verwendet werden.

Im Jahre 1956 zerstörte ein starker Frost fast alle Olivenbäume im Land. Da man fünf Kilo Oliven braucht, um daraus einen Liter Öl zu pressen, und ein Olivenbaum wiederum erst nach zehn Jahren beginnt, ausreichend Früchte zu tragen, hätte das Jahr für die Familie Fert eine Katastrophe bedeuten können. Glücklicherweise besann sich Alains Großvater darauf, daß alte *Scourtins*, die als Filter nicht mehr geeignet waren, früher oft als Fußmatten in Hauseingängen verwendet wurden. Deshalb begann er, auch die neuen Scourtins nicht mehr nur als Filter, sondern sofort als Fußabtreter oder Teppiche zu verkaufen. Obgleich auch heute noch die Scourtins von Alain in den altmodischen Ölmühlen der Provence als Filter verwandt werden, schmücken seine Matten heute Hauseingänge und Fußböden in ganz Frankreich.

ROUSTIDO dou MOULIN
Kleiner Zwischenimbiß in der Ölmühle

Bis in die dreißiger Jahre pflegten die Ölmühlenbesitzer ihren Angestellten einen *Casse-croûte* anzubieten, der aus knusprigem Weißbrot bestand, das mit Olivenöl beträufelt und mit Knoblauch und pürierten Anchovisfilets garniert wurde. Wenn man es dann über einem Feuer goldbraun grillte, entstand der sogenannte *Roustido dou Moulin*. Es gab auch noch eine andere Art der Zubereitung. Man stellte das Olivenöl kalt und strich es aufs Brot, sobald es festgeworden war – eine Methode, die sich unverändert seit den dreißiger Jahren im Restaurant von MAURICE BRUN in Marseille gehalten hat. Dazu muß man wissen, daß bis zu Beginn unseres Jahrhunderts Olivenöl nur zum Würzen verwendet wurde, nicht aber als Fett zum Braten und Kochen, wie es heute üblich ist.

OLIVES MARINÉES
Marinierte Oliven

ALAIN FERT verkauft auch seine eigenen köstlichen kleinen Oliven selbst. Sie werden bei ihm einfach nur in Salzlake eingelegt – die einzig notwendige und richtige Behandlung, wie er meint, für Oliven von so hoher Qualität. Aber nicht alle Oliven sind so vorzüglich wie die aus Nyons. Bestimmte Sorten lassen sich noch verbessern, wenn man sie mariniert. An einem Stand auf dem Donnerstagsmarkt in Nyons wurden nicht weniger als 20 verschiedenartig marinierte Oliven angeboten: einige mit leuchtend gelben Zitronenschnitzen oder roten Pfefferschoten, andere mit kräftig roten, grünen und gelben Paprikastückchen oder mit Blättern von wildem Fenchel, wieder andere auf einem Bett von Provencekräutern wie frischem Rosmarin, Thymian und Bohnenkraut.

---

500 g schwarzen Oliven
500 ml Olivenöl
1 kleine Zwiebel, der Länge nach in 8 Stücke geschnitten
3–4 Knoblauchzehen, halbiert
2–4 Lorbeerblätter
1 Fenchelzweig
2 Thymianzweige
1 Streifen Orangenschale, 5 cm lang
10–12 Koriandersamen

Alle Zutaten zusammen mindestens 24 Stunden vor dem Verzehr marinieren. In durchsichtigen Glasbehältern mit den Kräutern servieren, die man seitlich dekorativ hineingesteckt hat. Wenn die Oliven länger konserviert werden sollen, bewahrt man sie in verschlossenen Steinguttöpfen an einem kühlen Ort auf.

OLIVES CASSÉES

Diese Methode, frische grüne Oliven zu konservieren, eignet sich ausgezeichnet für alle diejenigen, die sich glücklich preisen können, einen eigenen Olivenbaum zu besitzen, dessen Früchte aber nicht unbedingt von allerbester Qualität sind. *Casser* bedeutet ›zerspalten‹ oder ›aufschlagen‹ und bezieht sich in diesem Fall auf den Schlag, den man den Oliven versetzt, bevor sie verarbeitet werden.

1,5 kg frisch gepflückte grüne Oliven
ca. 3 Liter Wasser
250 g Salz
1 Fenchelzweig
1 Zweig Lorbeerblätter
Schale einer großen Orange
12 Koriandersamen

Die Oliven mit einem Holzstock aufschlagen, aber nicht zerquetschen. In einem Glasbehälter mit kaltem Wasser bedecken, und das Wasser 9 Tage lang täglich erneuern. Das Wasser vom neunten Tag mit den anderen Zutaten 5 Minuten lang kochen. Vollständig erkalten lassen und soviel über die abgetropften Oliven gießen, daß sie vollständig bedeckt sind. (Falls notwendig, mehr Wasser dazufügen.) Die Oliven können nach einer Woche verzehrt werden. Sie halten sich mindestens ein oder zwei Monate, wenn sie an einem kühlen Ort aufbewahrt werden.

POUSSINS FARCIS

Mit Oliven gefüllte Küken

Die Oliven aus Nyons haben eine bläulich-schwarze Farbe und große Steine. Ihr Geschmack wird nur noch von dem der Oliven aus Beaumes-de-Venise übertroffen, deren Öl ALAIN FERT für das Beste in der ganzen Provence hält, nicht nur wegen der Herstellungsweise, sondern auch, weil die Oliven aus dieser Stadt überhaupt die besten seien. Beide, die Oliven aus Nyons und die aus Beaumes-de-Venise, sind so gut, daß man ihr wunderbares Aroma am besten genießen kann, wenn man sie direkt aus dem Topf ißt. Für das folgende Rezept empfiehlt ein Olivenhändler aus Nyons, die gewöhnlichen fleischigen Oliven zu verwenden, die man gut abtropfen läßt und entsteint, bevor man daraus eine ausgezeichnete Geflügelfüllung zubereitet.

Für 4 Personen

2 kleine Hähnchen von je 750 g Gewicht oder 4 Stubenküken oder Auerhähne von je 350–400 g Gewicht

Füllung

- Innereien des Geflügels (Herz, Magen, Leber), gehackt
- 2 Knoblauchzehen, fein gehackt
- 2 Scheiben Brot, in Milch eingeweicht und ausgedrückt
- 150 g schwarze Oliven, entsteint und zerdrückt
- 75 g frischer Speck, fein gehackt
- Salz und Pfeffer
- 2 Knoblauchknollen, ungeschält

Den Ofen auf 190°/Gas Stufe 5 vorheizen. Alle Zutaten für die Füllung gut vermischen und das Geflügel damit füllen. Die Öffnungen zu-

nähen, und Flügel und Beine gut zusammenbinden. Die Speckstückchen solange schmoren, bis alles Fett ausgelassen ist. Das Geflügel mit dem Fett einpinseln, mit Salz und Pfeffer würzen und mit der Brust nach oben in einen eingeölten Bräter legen (möglichst aus Ton), in dem es gut nebeneinander Platz hat. Die Knoblauchknollen dazwischen schieben und ungefähr 30–40 Minuten lang braten lassen, bis der austretende Bratensaft ganz klar ist.
Das Geflügel aus dem Bräter nehmen und entweder die Füllung entfernen und getrennt servieren oder die Vögel halbieren und die Füllung im Innern lassen. Mit einem spitzen Messer in die Knoblauchknollen stechen. Wenn sie nicht ganz zart sind, müssen sie noch 5–7 Minuten lang in kochendem Wasser gegart werden. Die weichen Knoblauchknollen auspressen; die Knoblauchpaste in den Bratenjus geben, gut umrühren, und die fertige Sauce über das Geflügel gießen. Heiß servieren.

FENOUIL á la TOMATE

Gebackener Fenchel mit Tomaten

Zu dem soeben beschriebenen Gericht können Sie eine einfache Beilage servieren, zum Beispiel gebackenen Fenchel mit Tomaten und Kräutern. Pro Person muß man eine Fenchelknolle rechnen. Zunächst die Knolle vierteln und die äußeren Blätter entfernen. Eine feingehackte Zwiebel mit etwas Knoblauch, einer Handvoll gehackten frischen Kräutern und vier fleischigen, saftigen Tomaten (oder 1 großen Dose Tomaten) kochen. Wenn der Saft der Tomaten vollständig eingekocht ist, die Tomaten-Kräuter-Mischung in eine geölte feuerfeste Backform geben, und die Fenchelstücke in einem Kreis darauf anordnen. Mit Salz und Pfeffer würzen, mit etwas Olivenöl beträufeln und ein paar Oliven darüberstreuen. Zugedeckt bei mittlerer Hitze 35–40 Minuten backen. Heiß oder kalt servieren.

Große Weine rund um Avignon.

Aus Gigondas: Domaine Saint-Gayan (Roger Meffre)
Aus Châteauneuf-du-Pape: Domaine de Mont-Redon et Domaine du Vieux-Télégraphe
Aus Vacqueyras: Domaine des Lam bertins (Cave Lambert Frères)
Aus Tavel: Chateau de Trinquevedel (Rosé)
Vins doux naturels aus Beaumes-de-Venise und Rasteau

Frédéric Mistral hat in seinen Mémoires die Weihnachtsabende seiner Kindheit mit all dem nostalgischen Gefühl beschrieben, das sich erst im Laufe der Zeit und mit zunehmendem Abstand einstellt. Zuerst mußte der rechte Weihnachtsklotz für den Kamin gefunden werden. So zog also die ganze Familie aus, die *Bûche de Noël* zu suchen (die, um die Sache schwieriger zu machen, aus dem Holz eines Obstbaums sein mußte.) War der Klotz dann gefunden, schaffte man ihn nach Hause und trug ihn im Gänsemarsch dreimal feierlich im Kreis in der Küche herum: Großvater, Großmutter, Vater, Mutter, Onkeln, Tanten, Vettern und Cousinen, und ganz am Schluß kam der kleine Frédéric. Mistrals Vater goß dann ein Glas süßen hausgemachten *Vin cuit* ins Feuer; danach wurde der Klotz hineingelegt mit dem Ruf *»Bûche de Noël: mets le feu!«*. Damit war Weihnachten im Hause willkommen geheißen, und alle setzten sich zu Tisch.

In der Provence besteht das traditionelle Essen am Weihnachtsabend nicht nur aus einem großen Truthahn als Hauptgang, sondern aus einer ganzen Speisenfolge. Es gibt eine Suppe, es gibt alle die kleinen Gemüsegerichte, die hier so köstlich sind, es gibt Fisch, und dann die lange oder – je nach der Anzahl der Familienmitglieder – auch weniger lange Folge der dreizehn Desserts als Krönung des Abends vor der Mitternachtsmesse. Fleisch jedoch gibt es nicht. Das *Gros souper* vom Abend des 24. Dezember besteht also eher aus den Beilagen ohne ein eigentliches Hauptgericht. Das Wichtigste in Mistrals Zeit war der *Gros pain calendal*, das riesige Weihnachtsbrot, von dem man dem ersten Bedürftigen, den man traf, ein Viertel gab. Ebenso empfing jeder Arbeiter, der ins Haus kam, von Mistrals Mutter eine Flasche *Vin cuit* und ein Bündel gefüllt mit Brot, Käse, Sellerie, Nougat und getrockneten Feigen.

Die Weihnachtsvorbereitungen haben in provenzalischen Familien traditionell immer am 4. Dezember begonnen, am Barbaratag, an dem Weizenkörner und Linsen in Schalen angegossen und in die Nähe von Kamin oder Herd gestellt werden, damit sie grüne Sprossen treiben. Diese Schalen bilden dann das Gras für die Krippe vom 24. bis zum 31. Dezember, außer bei den Festessen am Weihnachts- und am Neujahrsabend, bei denen sie zusammen mit den dreizehn Desserts auf der Tafel stehen. Daran, ob diese Sprossen kräftig oder schwächlich wachsen, kann man erkennen, wie es um die Familie im kommenden Jahr stehen wird. »Weizen gut, alles gut!«

Die Krippen selbst sind außerordentlich sehenswert. Sie wimmeln von kleinen Holz- und Tonfiguren, die *Santons* heißen, manche schön geformt, andere vom Künstler in solcher Eile bemalt, daß ihre grellfarbenen Augen und Münder mit ihrem verwegenen Strich jedes Maß vermissen lassen. Die traditionell zur Weihnachtsgeschichte gehörigen Personen, oft in provenzalischer Tracht des 19. Jahrhunderts gekleidet, stehen neben derberen Figuren aus dem Alltagsleben der Region: Polizisten, Viehhüter aus der Camargue, Trunkenbolde, Ölmüller. Manche der größeren Krippen sind mit geradezu hollywoodartigen Lichteffekten ausgestattet. In Séguret bei Vaison gibt es während der Mitternachtsmesse eine lebende Krippe, zu der die halbe Provence zusammenzuströmen scheint, und überall im Ort sind Rezepte für die traditionellen Weihnachtsgerichte mit Kreide auf Tafeln geschrieben.

Das Weihnachtsessen – Entrées

Am Weihnachtsabend beginnt das Festmahl gewöhnlich mit einem Sellerie- oder Chicoréesalat *à l'anchoïade* oder mit Schnecken (und blitzenden neuen Spießchen, um die Widerspenstigen unter ihnen aus ihren Häusern zu holen) und einer Schüssel Aïoli. Dann kommt zum Beispiel eine Suppe mit *Crouzets*, kleinen Teigvierecken, in einer guten Brühe gekocht und mit einer kräftigen Schicht geriebenem Gruyère und zerstoßenen Walnüssen im Grill überbacken – oder vielleicht *Aïgo Boulido*, was nichts anderes ist als Wasser mit dem Aroma von Knoblauch und Kräutern. Die Provenzalen sagen zwar: *»L'aïgo boulido sauvo la vido«* (»*Aïgo boulido* rettet das Leben«), fügen aber ironisch hinzu: *»Au bout d'un temps, tuio li gent«* (». . . dann bringt sie einen aber um«). Es ist eben keine allzu gehaltvolle Suppe.

L'AIGO BOULIDO
Knoblauch-Kräuter-Suppe

Nach einem alten Rezept für *Aïgo Boulido* gibt man Knoblauch und Salz in einen Topf mit Wasser und läßt es für die Dauer eines Lieds des provenzalischen Dichters Saboly kochen. Das folgende Rezept ist genauer und für diejenigen bestimmt, die in ihrer Küche keine Ausgabe der Gedichte Sabolys zur Hand haben.

Für 4 Personen

6 Knoblauchzehen, geschält und zerdrückt
5 oder 6 Salbeiblätter
1 Lorbeerblatt
1 El Olivenöl
1 Eigelb, geschlagen
Salz
frisch gemahlener schwarzer Pfeffer
4 Scheiben getoastetes Brot
geriebener Gruyère

Knoblauch und Kräuter mit 1 Liter Wasser und dem Olivenöl in einen Topf geben. Zum Kochen bringen, 15 Minuten lang simmern lassen und die Kräuter herausnehmen. Die Suppe langsam auf das Eigelb gießen und dabei kräftig schlagen. Mit Salz und Pfeffer abschmecken, die Toastscheiben in vier vorgewärmte Schalen geben, und die Suppe darübergießen. Geriebenen Käse darüberstreuen und servieren.

· ZIGEUNERIN ·

· REISIGWEIB · · KÜRBISVERKÄUFERIN ·

BOUILLABAISSE d'ÉPINARDS

Spinat-Eier-Suppe

Die Provenzalen glauben – nicht ganz zu Unrecht –, daß die Provence der einzige Platz ist, an dem man leben kann. Wenn das Jahr sonnig ist, und der Mistral sich angenehm durch Abwesenheit bemerkbar gemacht hat, sind sie ungewöhnlich freundliche Leute. Die Gemütlichkeit hört allerdings auf, wenn es um die Bouillabaisse geht und darum, was in die ›vraie bouillabaisse‹ hineingehört, wie sie die Großmutter zuzubereiten pflegte. Dann gehen die Wogen hoch, die Stimmen werden laut, und der einzige Fisch (von den ungefähr fünfundzwanzig möglichen), auf den man sich einigen kann, ist der bizarre stachlige Drachenkopf (Rascasse). Natürlich müssen Zwiebeln hinein und Fenchel und Orangenschale und Safran und . . . Glücklicherweise gibt es ein Rezept, mit dem jeder einverstanden ist – mit dem für die folgende Spinat-Kartoffel-Eier-Suppe, das alle Zutaten für die ›vraie bouillabaisse‹ verwendet – außer Fisch. Das Rezept stammt aus Marseille und bildet eine gute Verbindung zwischen der Suppe und den Gemüsegerichten am Weihnachtsabend.

Für 6 Personen

1 Zwiebel, geschält und in Würfel geschnitten
3 Knoblauchzehen, geschält und zerdrückt
Olivenöl
1 kg Spinat, blanchiert, ausgedrückt und kleingehackt
6 kleine Kartoffeln, geschält und in 1/2 cm dicke Scheiben geschnitten
1 Bouquet garni aus: 1 Fenchelzweig, 2 Lorbeerblättern, 1 kräftigen Stiel Petersilie
1 kleine Prise Safran
Salz und frisch gemahlener Pfeffer
6 Eier
6 Scheiben getoastetes Brot
geriebener Gruyère (nach Wunsch)

In einem großen Topf Zwiebel und Knoblauch in ein wenig Öl weichdünsten. Den Spinat dazugeben, 5 Minuten lang kochen und dabei gut umrühren, dann die Kartoffeln, das Bouquet garni und den Safran hinzufügen, 1 Liter kochendes Wasser darübergießen, mit Salz und Pfeffer würzen, zudecken, und auf kleiner Flamme simmern lassen. Wenn die Kartoffeln gar sind, die Eier eins nach dem anderen in die Suppe schlagen und 3 bis 4 Minuten pochieren. Die Brühe über ein Stück Toast in 6 Suppenschalen geben, jeweils ein paar Kartoffelscheiben und ein Ei hineingleiten lassen und zusammen mit einer großen Schüssel geriebenem Käse anrichten.

Der Fisch für den Weihnachtsabend kann eine Meeräsche sein, Thunfisch, Brassen oder (meistens) ein Gericht aus gesalzenem Stockfisch, mit Spinat und Knoblauch gebacken. In Arles gibt es gefüllte Miesmuscheln mit salziger Fougasse und Speck; in Maillane, Mistrals Geburtsort nahe St-Rémy, ein Gericht aus winzigen Tintenfischen, die *Tripes de mer* heißen, Meerkutteln.

MUGE aux OLIVES

Graue Meeräsche mit Oliven

Dies ist ein Gericht, das, so erinnert sich Mistral, in seiner Kindheit um 1830 am Weihnachtsabend serviert wurde. Zwar wird in der Regel die Graue Meeräsche verwendet, das Rezept gelingt aber ebenso gut mit Seebarsch oder Rotbarbe.

Für 6 Personen

1 Graue Meeräsche von ca. 1 kg Gewicht (oder 2 kleinere Fische), geputzt und geschuppt
2 El frischer Fenchel, gewürfelt
½ Zitrone, in Scheiben geschnitten
2 Lorbeerblätter
1 kleine Zwiebel, fein gehackt
2 Knoblauchzehen, geschält und der Länge nach in dünne Scheibchen geschnitten
Olivenöl
1 El Mehl, vermischt mit
2 El fein gehackte frische Petersilie
1 Handvoll kleine schwarze Oliven (entsteint, wenn Sie die Geduld dafür haben), möglichst die aus Nizza
3–4 El Pastis oder Weißwein
Salz und Pfeffer

Den Ofen auf 180°/Gas Stufe 4 vorheizen. Den Fisch mit Fenchel, Zitrone und Lorbeer füllen. In einem feuerfesten ovalen Gefäß (groß genug für den Fisch) die Zwiebel und den Knoblauch in Olivenöl weichdünsten. Den Fisch in Mehl und Petersilie wälzen und auf beiden Seiten in der Pfanne bräunen. Die Oliven dazugeben, den Wein oder Pastis hineingießen und mit einer Messerspitze Salz und schwarzem Pfeffer würzen, kurz aufkochen lassen, mit gefettetem Pergamentpapier bedecken und dann etwa 20 Minuten backen. In dieser Zeit häufig begießen. Heiß mit viel knusprigem Brot servieren.

MOULES aux ÉPINARDS

Gratin von Spinat und Miesmuscheln

Monsieur Bremond von der HOSTELLERIE LE PARADOU in Lourmarin hat eine lange provenzalische Familiengeschichte und mehr als nur ein paar Tropfen Olivenöl im Blut. Er erzählt, daß sein Großvater in festem Glauben an die wohltuenden Eigenschaften der Oliven jeden Morgen ohne Ausnahme einen Eßlöffel pures Olivenöl vor dem Frühstück zu sich nahm, während Großmutter Bremond es lieber mit ein paar Zusätzen versah. Dem folgenden Gratin von frischem Spinat und Miesmuscheln, einem Gericht, das sie an jedem Weihnachtsabend in letzter Minute zuzubereiten pflegte, verleiht es seinen unverwechselbaren Geschmack.

Für sechs Personen

2 kg geputzte Miesmuscheln
Olivenöl
1 Zwiebel, geschält und fein gehackt
2 Knoblauchzehen, geschält und zerdrückt
1 Handvoll Petersilie, fein gehackt
1 kg Spinat, gut gespült und grob gehackt
1 El Butter
1 El Mehl
$^1/_4$ Tl Muskat
frisch gemahlener schwarzer Pfeffer

Zuerst die Muscheln kochen: Zusammen mit ein bißchen Olivenöl, Zwiebel, Knoblauch und Petersilie in einen großen Topf geben. Fest zudecken und auf großer Flamme kochen; dabei den Topf häufig schütteln, bis die Muscheln sich gerade geöffnet haben (3–5 Minuten). Die Schalen entfernen, alle Flüssigkeit durch ein Sieb abgießen und aufbewahren.

Den Spinat in ganz wenig Öl weichdünsten. Die Flüssigkeit durch ein Sieb abgießen und zu dem Muschelsaft geben. In einer feuerfesten Servierschüssel (groß genug für alle Zutaten samt den Muscheln) eine Mehlschwitze zubereiten: Die Butter zerlassen und Mehl und Muskat hineinrühren. Etwa 1 Minute lang kochen lassen, dann die beiseite gestellten Kochflüssigkeiten langsam hineingießen und gut verrühren. Weiter kochen lassen, bis die Soße die Konsistenz einer dicken glatten Creme angenommen hat. Mit schwarzem Pfeffer würzen und zunächst den Spinat und dann die Muscheln hineingeben. Kurz unter den Grill oder in den sehr heißen Herd stellen, bis der Gratin kochendheiß und goldbraun geworden ist.

· Petits plats de Légumes ·

Nach dem Fisch kommen die zahllosen kleinen Gemüsegerichte – in Marseille Blumenkohlsalat und Schwarzwurzeln in einem Käsegratin, beim Pont du Gard eine dicke, sahnige Kohlsuppe, in Toulon ein Artischocken-Omelett. Zwei Gerichte gehören in der ganzen Provence am Weihnachtsabend dazu: *Sauce d'épinards* (ein Spinatgratin, mit harten Eiern gebacken) und *Sauce de cardes* (Mangoldstengel, gebacken mit Oliven und Anchovis), eine von Paulette Antilogus' Spezialitäten.

ENDIVES au BEURRE d'ANCHOIS

Chicorée mit Anchovisbutter

Die Anchovisbutter in diesem Rezept ist eine mildere, sahnigere Alternative zu der steifen, oft allzu fischigen *Anchoïade*, die überall in der Provence gewöhnlich zu Wintersalaten gereicht wird. Sie bildet einen angenehmen Kontrast zu dem bitter-knackigen Chicorée.

Für 6 Personen

5 Anchovis (oder mehr, wenn Sie sie sehr gern mögen)
5 El Butter
1 Tl Mehl
1 El frischer Estragon, fein gehackt (oder 1 Tl getrockneter)
Saft einer halben Zitrone
Schwarzer Pfeffer
6–8 Chicorées, geputzt und halbiert

Zuerst die Anchovis waschen (mehrmals das Wasser wechseln!), pürieren und mit 4 El Butter verrühren, bis eine glatte Paste entstanden ist.

1 El Butter in der Pfanne auf kleiner Flamme schmelzen lassen. Wenn die Butter goldfarben (aber auf keinen Fall braun!) geworden ist, Mehl und Estragon hinzufügen und eine Minute lang rühren. Die Pfanne vom Feuer nehmen, Zitronensaft, Pfeffer und nach und nach die Anchovisbutter hineingeben und rühren, bis alles glatt ist. Den Chicorée auf einer Platte anrichten und die Sauce darübergeben. Sofort servieren.

SAUCE de CARDES

Mangoldgratin

Im Lubéron und in der Vaucluse ist ›*sauce*‹ eine Bezeichnung für einen sahnigen, verfeinerten Gemüseeintopf, der im Herd goldbraun gebacken wird. *Cardes* sind die Stengel von reifem Mangold.

Für 6 Personen

1 kg Mangoldstengel, gewaschen, die Fäden abgezogen (oder Sellerie, wenn Mangold nicht zu haben ist)
Saft einer Zitrone
1 Glas Weißwein
2 Lorbeerblätter
mehrere Zweige Thymian
1 Zwiebel, in feine Scheiben geschnitten
1 Knoblauchzehe, geschält und zerdrückt
2 El Olivenöl
2 Anchovisfilets, zerdrückt
2 El gesiebtes Mehl
3 El geriebener Gruyère
$1/4$ Tl Muskat
Salz und Pfeffer
1 Handvoll kleine schwarze Oliven

Die Mangoldstengel in 2,5 cm große Stücke schneiden und 20 Minuten lang mit Zitronensaft, Wein, Lorbeerblättern, Thymian in genug Wasser kochen, daß alles gut bedeckt ist.

In einem feuerfesten Geschirr (in das alle Zutaten passen müssen) Zwiebel und Knoblauch in Olivenöl weichdünsten, die Anchovis dazufügen und das Mehl darüberstreuen. 1 bis 2 Minuten lang rühren und dann nach und nach die durch ein Sieb abgegossene, noch warme Kochflüssigkeit des Mangold dazugießen. Dabei gut umrühren, bis die Mischung die Konsistenz einer dicklichen Creme angenommen hat. 10 Minuten lang simmern lassen, und anschließend Käse, Muskat, Salz (falls nötig), Pfeffer und den Mangold hineingeben. Mit Oliven bestreuen und in den heißen Herd schieben, bis das Gericht blaßgolden und kochendheiß ist.

Um nach diesem Rezept Spinat oder Mangoldblätter zuzubereiten, kocht man 1 kg gewaschenes Gemüse in $1/4$ l Wasser weich. Abgießen, hakken und wie oben fortfahren.

Les Treize Desserts

Das Festmahl am Weihnachtsabend beginnt einfach, endet aber immer mit den sogenannten *›Treize Desserts‹*, was zwar großartig klingt, aber in Wirklichkeit ganz bescheidene Speisen sein können. Bei den ärmeren Familien bestanden diese Desserts einst nur aus Trockenfrüchten und Nüssen, wie es sie in der Provence überall gibt. Man begegnet dieser Tradition noch heute in der Bezeichnung ›Vier Bettler‹ für getrocknete Feigen, Rosinen, Mandeln und Walnüsse. Außerdem gibt es gewöhnlich Datteln und *Pompe à l'huile*, eine provenzalische Brioche aus Teig mit Olivenöl, die nur an Weihnachten gebacken wird, ferner Schalen mit *Nougat noir* und schön geformter *Pâte de coings*, einer festen, süßen Paste aus gebackenen Quitten. Daneben hat jede Stadt ihre eigenen Spezialitäten: Aix die *Calissons*, Süßigkeiten aus Mandelmasse; Nizza eine süße Torte aus Mangold und Pinienkernen; Vaison und die Drôme Obsttörtchen wie die *Panade aux pommes*, die Paulette Antilogus backt; die Haute-Provence Kuchen aus Kastanien und getrocknetem Obst und Séguret den *Lou Mias*, den köstlichen Maismehlkuchen.

LOU MIAS

Weihnachtskuchen aus Maismehl

Dieser saftige Maismehlkuchen mußte ursprünglich mit Ziegenmilch zubereitet und auf einem heißen Backblech im Kamin gebacken werden. Bei einem modernen Herd sind die Resultate verläßlicher.

225 ml Milch
200 g Zucker
Saft und geriebene Schale einer Orange
250 g feinkörniges gelbes Maismehl
1 Prise Salz
4 Eier
3 El Olivenöl
Puderzucker

Die Milch zum Kochen bringen, die Hitze reduzieren und Zucker sowie Orangenschale hineingeben. So lange rühren, bis der Zucker sich gelöst hat. Vom Feuer nehmen und nach und nach das Maismehl mit einer Gabel hineinrühren. Salz und Orangensaft dazufügen. ½ Stunde an einem warmen Ort stehen lassen. Die Eier eins nach dem anderen hineinschlagen, das Öl hinzufügen. Den Herd auf 200°/Gas Stufe 6 vorheizen. Die Mischung in eine gut eingefettete runde Backform geben und ungefähr 30–40 Minuten backen, bis ein Messer, das man in die Mitte des Kuchens sticht, sauber wieder herauskommt. Zehn Minuten abkühlen lassen, aus der Backform lösen und auf ein Kuchengitter schieben. Leicht mit Puderzucker bestreuen und mit selbstgemachtem Orangenwein (S. 134) servieren.

Die berühmten kandierten Früchte aus Apt werden in besonderen Mischungen verkauft, die mehrere Monate lang in Schnaps eingelegt werden sollen. Vollgesogen und leicht beschwipst von diesen ›guten Geistern‹ kommen sie dann auf den Weihnachtstisch.

PANADE/TARTE de NOEL

Weihnachtstorte
aus geriebenen Äpfeln und Orangen

In Séguret stellen die älteren Köche diese Torte noch wie früher her: mit dem nach Orangen duftenden Fougass-Teig von S. 126, den sie nach dem Backen noch einmal mit Orangenblütenwasser beträufeln. Paulette Antilogus, weiter nördlich in Vaison-la-Romaine, findet sie mit einem knusprigen Mürbteig besser. Aber beide sind gut.

Mürbteig

250 g Weizenmehl
1 Prise Zimt
125 g Butter, eine Stunde vor Gebrauch aus dem Kühlschrank genommen.

Füllung

ca. 80 g Butter
1,4 kg Golden Delicious-Äpfel*, geschält, die Kerngehäuse
ent fernt, und gerieben
Saft und geriebene Schale einer Orange
2 El Honig
ein bißchen Zucker zum Anrichten

* Falls Sie säuerlichere Äpfel verwenden, nehmen Sie 100 g Zucker mehr.

Wenn Sie keine Fougasse verwenden, bereiten Sie zuerst den Mürbteig zu. Mehl und Zimt in eine Schüssel sieben. Butter in haselnußgroße Stückchen schneiden und mit den Fingerspitzen in das Mehl einarbeiten, bis die Mischung wie feine Semmelbrösel aussieht. Ein wenig kaltes Wasser darüberspritzen und mit einem Messer durcharbeiten, bis der Teig nicht mehr an den Wänden der Schüssel haftet. Aus dem Teig eine Kugel ohne Risse formen. Für die Dauer von wenigstens einer Stunde kühlstellen. In der Zwischenzeit die Butter für die Füllung in einer schweren Pfanne zerlassen, die Äpfel, die Orangenschale, den Saft und den Zucker hinzufügen und unter ständigem Rühren kochen, bis die Äpfel weich sind. Wenn der größte Teil des Saftes aus den Äpfeln verdampft ist, den Honig hineinrühren, vom Feuer nehmen und abkühlen lassen. Den Teig etwa 4 mm dick ausrollen und etwa ⅓ für die Decke beiseitelegen. Eine eingefettete Backform von 20–22,5 cm Durchmesser mit dem Teig auskleiden, den Boden mit einer Gabel einstechen und nochmals, zusammen mit dem Teig für die Decke, etwa 30 Minuten lang kühlstellen. Herd auf 200°/Gas Stufe 6 vorheizen. Die Teighülle mit der Apfelmischung füllen, aus dem restlichen Teig ein Gitter zurechtschneiden und darauflegen. Die Torte 20–25 Minuten backen, bis sie goldbraun und knusprig ist. Noch warm mit Zucker bestreuen.

Andere Füllungen

In der Drôme nördlich von Séguret werden die *Panades* zu Weihnachten mit einer Vielzahl von Füllungen hergestellt; sie treten hier an die Stelle der *Pompe à l'huile,* wie sie in Marseille üblich ist. Die folgenden Zutaten können an Stelle der geriebenen Äpfel im obigen Rezept verwendet werden. Allerdings sollte eine echte Panade immer mit einem Teiggitter gedeckt sein.

Geriebene Äpfel und Birnen zu gleichen Teilen

Dünne Apfelscheiben mit 3–4 Löffeln geschmolzenem Lavendelhonig und einer Handvoll gerösteter gehackter Walnüsse

500 g Kürbis oder Melone, blanchiert und fein geschnitten, vermischt mit 150 g Zucker, 1 Tl Vanilleextrakt und einer Handvoll gerösteter, fein gehackter Mandeln

500 g Äpfel, roh auf den Teig geraspelt, mit Zucker bestreut und mit einigen Tropfen Orangenblütenwasser aromatisiert.

NOUGAT BLANC

Weißer Nougat
mit Früchten und Nüssen

Der berühmteste Nougat der Welt kommt aus Montélimar gerade jenseits der Nordgrenze der Provence. Der interessanteste Ort, um echten provenzalischen Nougat zu kaufen, ist jedoch das hübsche Dorf Sault in den wilden Hügeln östlich des Mont Ventoux. Jeder Laden hier scheint Nougat zu verkaufen – oder den Honig und den Lavendel, aus dem er gemacht wird. Sogar das Hutgeschäft am Ort hat seine Kreationen auf einem Gestell aus Honigtöpfen ausgestellt!

250 g Zucker
1 kleines Glas kaltes Wasser
1 El Orangenblütenwasser
250 g Honig
(möglichst Lavendelhonig)
3 Eiweiß, steif geschlagen
200 g Mandeln, geschält, halbiert und geröstet
100 g Pistazien, geschält und geröstet
100 g Zitronat und Orangeat gemischt

Den Zucker mit dem Wasser und dem Orangenblütenwasser in einem Topf mit schwerem Boden auf kleiner Flamme schmelzen. In einem anderen Topf den Honig zum Schmelzen bringen und dabei ständig mit einem hölzernen Löffel umrühren. Wenn ein Tropfen Honig in kaltem Wasser zu einer weichen Kugel geformt werden kann und ein Tropfen Zuckersirup zu einer harten Kugel, vom Feuer nehmen und den Zuckersirup in den Honig einrühren. Sofort die Eiweiß unterheben und alles gut vermischen. Die Mischung wieder aufs Feuer setzen und auf kleiner Flamme weiterkochen und rühren. Wenn der Nougat sehr dickflüssig und mattweiß ist (das kann ungefähr 45 Minuten dauern!), die Nüsse und das Zitronat/Orangeat in kleinen Portionen nacheinander hineinrühren, nachdem man sie zuvor etwa 10 Minuten lang im Herd angewärmt hat. Den Nougat in ein gut gefettetes, mit Reispapier (Backoblaten) ausgelegtes flaches Gefäß von etwa ¾ der Größe, aber derselben Tiefe wie für Nougat noir

(s. das folgende Rezept) gießen. Abkühlen lassen. In Würfel schneiden und lauwarm servieren.

NOUGAT NOIR
Honig-Mandel-Nougat

Obgleich der berühmte Nougat von Montélimar in der Regel von kommerziellen Herstellern stammt, wird dieser *Nougat noir*, eine beliebte Lekkerei für den Weihnachtsabend, in den meisten provenzalischen Häusern noch selbst zubereitet.

---

500 g ganze Mandeln, geschält
500 g Honig
geriebene Schale von $^1/_2$ Orange

Den Honig in einen Topf mit schwerem Boden gießen und auf sehr kleiner Flamme erhitzen. Dabei mit einem Holzlöffel ständig umrühren. Wenn der Honig Blasen zu werfen beginnt, die Mandeln und die Orangenschale dazufügen. Immer weiter rühren, bis die Mandeln zu platzen beginnen und in der Mitte goldbraun und der Honig tief braunschwarz geworden ist. Vom Feuer nehmen und weiter rühren, bis die Masse lauwarm ist. Anschließend in ein gut ausgefettetes, mit Reispapier (Backoblaten) ausgelegtes flaches Gefäß von etwa 24×15×3,3 cm gießen. Mit Reispapier abdecken und ein beschwertes Brett von den Innenmaßen des Gefäßes darauflegen. Kalt stellen und nach völligem Abkühlen in kleine Würfel schneiden.

Gelegentlich kann man altmodische Nougatgefäße mit Sprungrand und abnehmbarem Boden finden. Sie machen es leichter, den Nougat vor dem Schneiden herauszunehmen.

Selbst leidenschaftliche Anhänger von *Pâte de coing*, der gezuckerten Quittenpaste, einer anderen provenzalischen Weihnachtsspezialität, könnten ihre Herstellung allzu umständlich finden. St-Rémy produziert eine exzellente einfachere Sorte, und für üppigere Gelees (s. Abbildung auf S. 154) sind die Confiserien von Avignon die besten im Land.

Rezeptverzeichnis

Im Text genannte Restaurants

AIGUES-MORTES – LA CAMARGUE
19, rue de la République

AIX-EN-PROVENCE – LE CLOS DE LA VIOLETTE – 10, ave. de la Violette

ARLES – LE VACCARÈS – Eingang rue du Forum, Place du Forum

AURIBEAU – Im Sommer 1986 wüteten schwere Brände in der Gegend nördlich von Cannes. Dabei brannte die Stadt Auribeau mitsamt der AUBERGE NOSSI BÉ bis auf die Grundmauern nieder.

LES-BAUX-DE-PROVENCE – L'OUSTAU DE BAUMANIÈRE – Au Val d'Enfer

BIOT – AUBERGE DU JARRIÈRE –
30, passage de la Bourgade

BONNIEUX – RESTAURANT CÉSAR

CABRIÈRES-D'AVIGNON – LE BISTROT À MICHEL – Grande-Rue

CHÂTEAU-ARNOUX – LA BONNE ÉTAPE – Chemin du Lac

CHÂTEAUNEUF-DU-PAPE – LA MULE DU PAPE – Pl. de la Fontaine

EYGALIÈRES – AUBERGE PROVENÇALE – Place de la Mairie

FAYENCE – CHEZ FRANCE –
1, rue du Château

GORDES – LES BORIES – Route de Senanque

LOURMARIN – HOSTELLERIE LE PARADOU

LUCÉRAM – HÔTEL MÉDITERRANÉE

MARSEILLE – BAGATELLE –
7, rue des Trois-Rois
– CHEZ ÉTIENNE – Passage Lorette
– LE FAUCIGNY – 56, rue Mazenod
– MIRAMAR – 12, quai du Port

RESTAURANT MAS DE BOUVEAU – An der Straße D8 zwischen La Courançonne & Vacqueyras.

MAUSSANE-LES-ALPILLES – OU RAVI PROVENÇAU – 34, ave. de la Vallée des Baux

MÉJANES - HOSTELLERIE DE MÉJANES

NICE – CHEZ NINA – 1, rue Ste-Olaire
– RESTAURANT L'ESCALINADA/CHEZ ADRIENNE – 22, rue Pairolière
– LA MERENDA –
4, rue de la Terrasse
– HÔTEL NEGRESCO –
37, promenade des Anglais

LE PARADOU – BISTROT LE PARADOU

PEILLON – AUBERGE DE LA MADONE

SAINT-RÉMY-DE-PROVENCE – LE CAFÉ DES ARTS – 30, boulevard Victor Hugo

SÉGURET – LA TABLE DU COMTAT

VIENS – RESTAURANT BOUQUET – Dieses Restaurant wird inzwischen von Bouquets Tochter Pascale geführt.

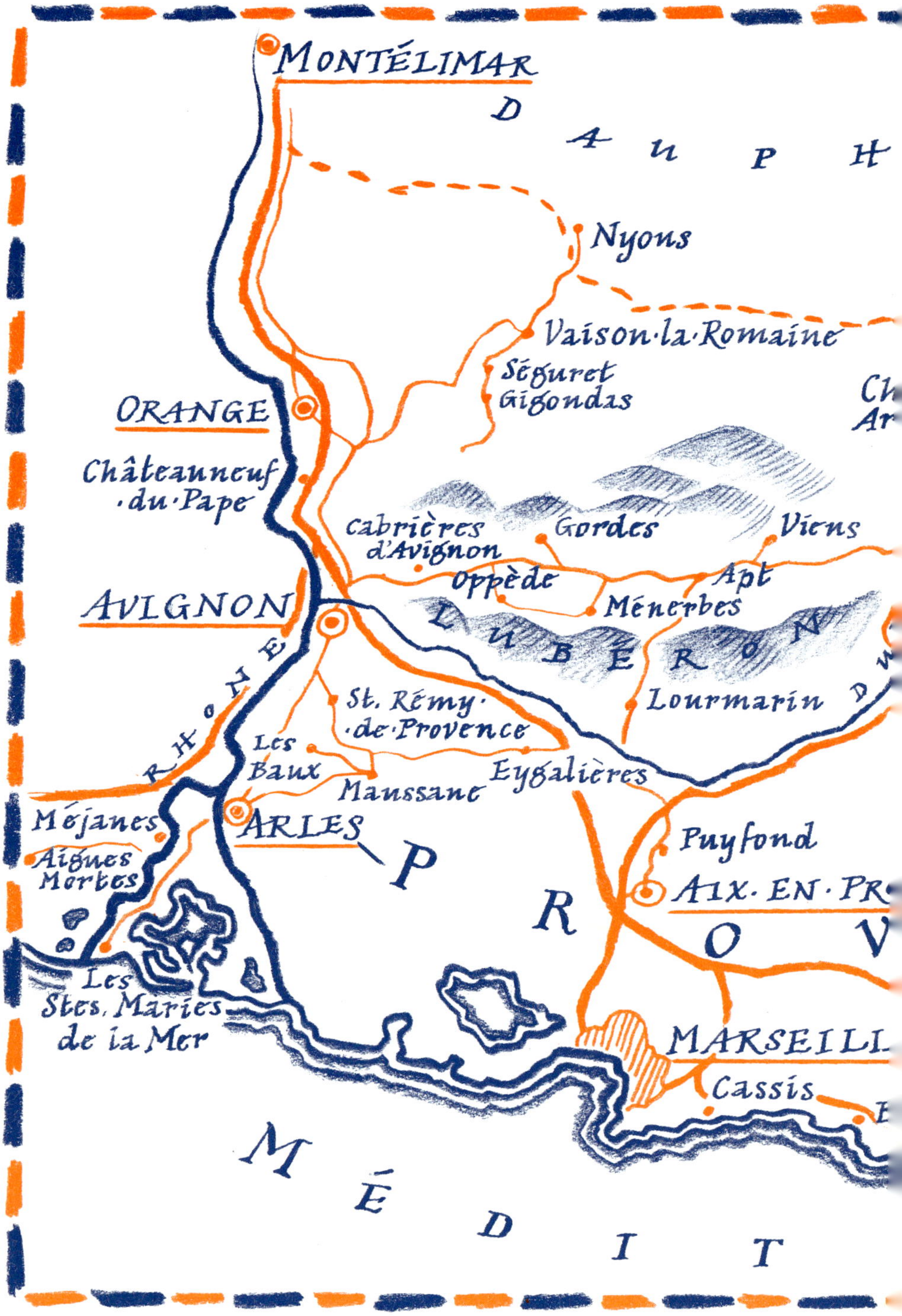

MONTÉLIMAR
D A U P H
Nyons
Vaison·la·Romaine
Séguret
Gigondas
ORANGE
Châteauneuf
·du·Pape
Cabrières
d'Avignon
Gordes
Viens
Oppède
Apt
Ménerbes
AVIGNON
L U B É R O N
R H O N E
St. Rémy·
·de·Provence
Lourmarin
Les
Baux
Maussane
Eygalières
Méjanes
Aigues
Mortes
ARLES
P R O V
Puyfond
AIX·EN·PR
Les
Stes. Maries
de la Mer
MARSEILL
Cassis
M É D I T